向晓岚　杨雅怡　宋　瑜　主编

汉语

听说

U0299429

化学工业出版社

·北京·

内 容 简 介

　　《汉语听说》共三章，第一章与第二章系统介绍汉语拼音的基本情况和汉语拼音规则；第三章结合日常生活实际介绍不同生活场景中的汉语对话，并设置课前的"热身活动"以及课后的"课文生词"模块帮助学习者进行听说技能训练，复习、巩固理论知识，落实党的二十大精神，加强人才国际交流。全书以中英双语编写，以日常汉语交流需求为导向，逻辑严密，实用性和可操作性强，并附音频资源（以二维码形式呈现），便于日常教学与个人自学。

　　本书可供各大院校中汉语零基础或能用汉语进行简单交流的国际学生学习使用，也可供汉语爱好者进行日常学习使用。

图书在版编目（CIP）数据

　　汉语听说/向晓岚，杨雅怡，宋瑜主编. —北京：
化学工业出版社，2023.3
　　ISBN 978-7-122-42803-5

　　Ⅰ.①汉… Ⅱ.①向… ②杨… ③宋… Ⅲ.①汉语–
听说教学–对外汉语教学–教材 Ⅳ.①H195.4

　　中国国家版本馆CIP数据核字（2023）第016334号

责任编辑：张　阳　李植峰　　　　　　　　　文字编辑：谢晓馨　陈小滔
责任校对：刘曦阳　　　　　　　　　　　　　装帧设计：梧桐影

出版发行：化学工业出版社（北京市东城区青年湖南街13号　邮政编码100011）
印　　装：北京建宏印刷有限公司
787mm×1092mm　1/16　印张13¾　字数180千字　2024年1月北京第1版第1次印刷

购书咨询：010-64518888　　　　　　　　　　售后服务：010-64518899
网　　址：http://www.cip.com.cn
凡购买本书，如有缺损质量问题，本社销售中心负责调换。

定　　价：56.00元　　　　　　　　　　　　版权所有　违者必究

《汉语听说》编写人员

主　编　　向晓岚　杨雅怡　宋　瑜

编　者　　向晓岚　杨雅怡　宋　瑜　刘淑萍

　　　　　刘力萍　张　丽　陈　菊　朱　峰

　　　　　刘昕远　赵　雁

前言

　　随着我国综合实力的不断提升和国际影响力的不断扩大，国际上学习汉语者不断增多。为更好地帮助汉语初学者学习汉语，加强人才国际交流，践行党的二十大精神，加大国家语言文字推广力度，特编写此书。

　　本书内容实用，课文内容所涵盖的话题与日常生活场景紧密相连，功能句为汉语会话中的常用句式，能够满足学习者的需求；课文和单词均采用汉英双语，便于学习者理解和学习。内容结构合理，练习题注重层次递进性，根据课文主题和功能句句式，结合听说汉语的训练要求，从易到难设计梯度性练习题，利于提高学习者的学习兴趣与信心，并使学习者获得成就感。

　　学习本书后，学习者能够较为容易并准确地掌握汉语中声母、韵母的拼写规则、标调规则、省写规则和在汉语交际中的各种音变规则；掌握初级汉语词汇和基本句式，并能进行简单的汉语会话；掌握初级汉语口语交际表达方式，并能够在日常生活中熟练地运用；在学习过程中，通过课文举一反三，掌握汉语交际策略和交际技能，并能运用于日常生活。

　　本书是为母语非汉语的学习者编写的汉语教材，既适用于零基础的汉语入门初学者，也适用于能用汉语进行最简单的日常交际的汉语学习者。

　　四川工商职业技术学院为编者提供了充足的研究资源，为本书的编撰创造了良好条件，在此表示衷心的感谢。

编者

2023年1月

目录

a o e i u ü b p m f d t

Hànyǔ   pīnyīn

汉语 拼音

The Chinese Phonetic Alphabet

a o e i u ü

b p m f d t

第一课
Lesson One

dì yī kè

Hànyǔ pīnyīn yī
汉语 拼音（一）
The Chinese Phonetic Alphabet One

dì yī bùfen kèwén
第一部分　课文
Part One　Texts

Hànyǔ pǔtōnghuà
一、汉语 普通话
Mandarin

▶ 音频 ◀

Xiàndài Hànyǔ bāokuò duō zhǒng fāngyán hé mínzú
现代 汉语 包括 多 种 方言 和 民族

gòngtóngyǔ. Hànyǔ pǔtōnghuà jiù shì Zhōngguó Hàn mínzú
共同语。汉语 普通话 就 是 中国 汉民族

de gòngtóngyǔ, tā yǐ Běijīng yǔyīn wéi biāozhǔnyīn, yǐ
的 共同语，它 以 北京 语音 为 标准音，以

běifāng fāngyán wéi jīchǔ fāngyán, yǐ diǎnfàn de xiàndài báihuàwén zhùzuò wéi
北方 方言 为 基础 方言，以 典范 的 现代 白话文 著作 为

yúfǎ guīfàn.
语法 规范。

Hànyǔ pǔtōnghuà yǒu kóuyǔ hé shūmiànyǔ liǎng zhǒng bù tóng xíngshì.
汉语 普通话 有 口语❶ 和 书面语 两 种 不同 形式。

Kóuyǔ shì rénmen kǒutóu shang yìngyòng de yǔyán, jùyǒu kóuyǔ de
口语 是 人们 口头上 应用 的 语言，具有 口语 的

---

❶ 编辑注：本书按读音规则注上声变调。

风格。其特征简短、疏放，有较多省略。书面语是用文字写下来的语言，具有与口语不同的风格。其特征在于周密、严谨，结构完整，长句较多。

汉语普通话是现代汉民族最重要的交际工具，同时又是国家法定的全国通用的语言。在国际交往中，它是联合国六种正式的工作语言之一，发挥着重要的作用。

汉字不是拼音文字，为了标记汉字的读音，中国政府规定采用《汉语拼音方案》作为拼写和注音工具。汉语拼音一般由声母、韵母和声调构成。声母在音节的开头，共有21个。声母后面的部分是韵母，又分为单元音韵母、复元音韵母和带鼻音韵母三类。普通话中声调的高低升降能区别意义，汉语拼音在韵母的主要元音上标出"ˉ ˊ ˇ ˋ"四种符号来表示声调。

Modern Chinese includes various dialects and national common language. Mandarin is Chinese Han tribe's common language. Beijing voice is as the standard pronunciation of it, the northern dialect is as its basis, and works in modern local Chinese is as its grammatical norm.

There are two forms of Mandarin: oral and writing forms. Oral Mandarin is used in speaking with oral style. Its characteristics are shortness, loose organization and it has many omitted parts of sentences. Writing Mandarin is used in formal writing with opposite style of oral Mandarin. Its characteristics are thoroughness, preciseness, complete organization, and including many long sentences.

Mandarin is the most important communication tool for modern Han tribe and the official language of the People's Republic of China. In an international communication, it is one of the six formal languages at work in the United Nations, which plays important roles.

Chinese characters are not in alphabetic writing. To mark the pronunciation, Chinese government adopts the *Scheme for the Chinese Phonetic Alphabet* as the tool of translation and phonetic notation. The Chinese Phonetic Alphabet is generally composed of initials, finals and tones. Initials are at the beginning of a syllable. There are 21 initials in Chinese phonetic alphabet. The left part after initials are finals, which are divided into single finals, compound finals and nasal finals. In Mandarin, the rise and fall of tone can distinguish meanings. The tone is marked above the main vowel of a final with symbol of " ˉ ˊ ˇ ˋ ".

fùyīn shēngmǔ zǒng biǎo
普通话辅音声母总表
The Graph of Consonant Initials in Mandarin

fùyīn shēngmǔ 辅音声母 Consonant Initials

fāyīn bùwèi 发音部位 Points of Articulation / fāyīn fāngfǎ 发音方法 Manner of Articulation

Manner of Articulation 发音方法	唇音 Labial Sound — 双唇音 Bilabial Sound (上唇 Upper Lip / 下唇 Lower Lip)	唇音 Labial Sound — 唇齿音 Labio-dental Sound (上齿 Upper Teeth / 下唇 Lower Lip)	舌尖前音 Supradental Sound (舌尖 Apex Linguae / 齿背 Back of Tooth)	舌尖中音 Blade-alveolar Sound (舌尖 Apex Linguae / 上齿龈 Upper Alveolar Ridge)	舌尖后音 Blade-palatal Sound (舌尖 Apex Linguae / 硬腭前 Hard Palate Front Part)	舌面前音 Coronal Sound (舌面前 Lingual Surface Front Part / 硬腭前 Hard Palate Front Part)	舌面后音 Dorso-velar Sound (舌面后 Lingual Surface Latter Part / 软腭 Soft Palate)
塞音 Plosive — 清音 Voiceless Sound — 不送气音 Unaspirated	b[p]			d[t]			g[k]
塞音 Plosive — 清音 Voiceless Sound — 送气音 Aspirated	p[pʰ]			t[tʰ]			k[kʰ]
塞擦音 Affricate — 清音 Voiceless Sound — 不送气音 Unaspirated			z[ts]		zh[tʂ]	j[tɕ]	
塞擦音 Affricate — 清音 Voiceless Sound — 送气音 Aspirated			c[tsʰ]		ch[tʂʰ]	q[tɕʰ]	
擦音 Assibilant — 清音 Voiceless Sound		f[f]	s[s]		sh[ʂ]	x[ɕ]	h[x]
擦音 Assibilant — 浊音 Aspirated (zhuóyīn)					r[ʐ]		
鼻音 Aasal — 浊音 Aspirated (zhuóyīn)	m[m]			n[n]			ng[ŋ]
边音 Lateral — 浊音 Aspirated (zhuóyīn)				l[l]			

三、

pǔtōnghuà dān yuányīn yùnmǔ
普通话 单 元音 韵母
Single Vowel Finals in Mandarin

a	o	e	i	u	ü

四、

shēngdiào
声调
Tone

‒	´	ˇ	`

五、

shēngdiào wǔdù biāojìfǎ
声调 五度 标记法
Five Level Tone Marking Method

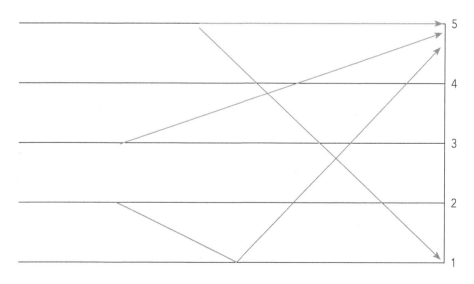

Shēngdiào de diàohào biāo zài yīnjié de zhǔyào yuányīn shang, shùnxù yìbān wéi
声调 的 调号 标 在 音节 的 主要 元音 上，顺序 一般 为a、o、e、i、u、

. Fù yùnmǔ chúwài, qí diàohào guīdìng biāozhù zài hòumian de huò shang. Rúguǒ diàohào zài i
ü。复 韵母 iu、ui 除外，其 调号 规定 标注 在 后面 的 u 或 i 上。如果 调号 在 i

shang, shang de diǎn shěng qù, gǎiwéi xiāngyìng de diàohào.
上，i 上 的 点 省 去，改为 相应 的 调号。

The symbol of tone is marked above the main vowel of a final, with the marking order of "*a, o, e, i, u, ü*", except for *iu* and *ui*, which should be on the latter *u* and *i*. If the symbol is above *i,* the dot on *i* should be replaced by "ˉ ´ ˇ ` ".

六、 shēng yùn pèihébiǎo 声 韵 配合表 1
The Graph of Matching Initials and Finals 1

shēngmǔ 声母 Initials ＼ yùnmǔ 韵母 Finals	a	o	e	i	u	ü
b	ba	bo		bi	bu	
p	pa	po		pi	pu	
m	ma	mo		mi	mu	
f	fa	fo			fu	
d	da		de	di	du	
t	ta		te	ti	tu	
n	na		ne	ni	nu	nü
l	la		le	li	lu	lü
g	ga		ge		gu	
k	ka		ke		ku	
h	ha		he		hu	
j				ji		ju
q				qi		qu
x				xi		xu

续表

shēngmǔ 声母 Initials \ yùnmǔ 韵母 Finals	a	o	e	i	u	ü
z	za		ze	zi	zu	
c	ca		ce	ci	cu	
s	sa		se	si	su	
zh	zha		zhe	zhi	zhu	
ch	cha		che	chi	chu	
sh	sha		she	shi	shu	
r			re	ri	ru	

dì　èr　bùfen　　liànxí
第二部分　练习
Part Two　Exercises

dú xiàmian de yīnjié
一、读下面的音节
Read the following syllables

▶ 音频 ◀

wǒ（我）	nǐ（你）	tā（他）	bā（八）
bù（不）	dà（大）	shì（是）	dú（读）
gè（个）	yǔ（语）	bǐ（笔）	sì（四）
chī（吃）	shū（书）	hé（和）	jǐ（几）
mā（妈）	bà（爸）	nǎ（哪）	qī（七）
qù（去）	rè（热）	zhè（这）	zhù（住）
zì（字）			

biànyīn liànxí
二、辨音练习
Identify the following Chinese phonetic alphabets

▶ 音频 ◀

1. b　p
   bā　pā
   bó　pó
   bǐ　pǐ
   bǔ　pǔ

2. d　t
   dí　tí
   dè　tè
   dǔ　tǔ

3. g　k
   gē　kē
   gǔ　kǔ
   gù　kù

4. m　f
   mǎ　fǎ
   mó　fó
   mú　fú
   mù　fù

5. n　　l

 nǎ　lǎ

 ní　lí

 nú　lú

 nǚ　lǚ

6. zh　　z

 zhā　zā

 zhè　zè

 zhǐ　zǐ

 zhǔ　zǔ

7. ch　　c

 chí　cí

8. sh　　s

 shǎ　sǎ

 shì　sì

 shū　sū

三、 听与读
tīng yǔ dú
Listen and Read

dàmǐ（大米）　　nàlǐ（那里）　　dú shū（读 书）

rìqī（日期）　　zìjǐ（自己）　　tǐyù（体育）

sījī（司机）　　pífū（皮肤）　　yīfu（衣服）

bú kèqi（不 客气）

▶ 音频 ◀

四、 日常 用语
rìcháng yòngyǔ
Daily Expressions

Nǐ hǎo!
1. 你 好! Hello!

Xièxie!
2. 谢谢! Thank you!

Bú kèqi!
3. 不 客气! You are welcome!

▶ 音频 ◀

4. 对不起！ Sorry! / Excuse me!

（Duìbuqǐ!）

5. 没关系。It doesn't matter. / No problem. / It's fine. / Don't worry.

（Méiguānxi.）

第二课 dì èr kè
Lesson Two

Hànyǔ pīnyīn èr
汉语 拼音（二）
The Chinese Phonetic Alphabet Two

第 一 部分 课文
dì yī bùfen kèwén
Part One Texts

---

fù yuányīn zǒng biǎo
一、复 元音 总 表
Compound Vowels Summary Statement

前 响 复 元音 qiánxiǎng fù yuányīn Front Ring Compound Vowels	ai	ei	ao	ou	
后响 复 元音 hòuxiǎng fù yuányīn After Ring Compound Vowels	ia	ie	ua	uo	üe
中响 复 元音 zhōngxiǎng fù yuányīn Middle Ring Compound Vowels	iao	iou	uai	uei	

shēng yùn pèihébiǎo
二、声 韵 配合表 2
The Graph of Matching Initials and Finals 2

声母 shēngmǔ Initials \ 韵母 yùnmǔ Finals	ai	ei	ao	ou	ia	ie	ua	uo	üe	iao	iou (iu)	uai	uei (ui)
b	bai	bei	bao			bie				biao			

续表

shēngmǔ 声母 Initials \ yùnmǔ 韵母 Finals	ai	ei	ao	ou	ia	ie	ua	uo	üe	iao	iou (iu)	uai	uei (ui)
p	pai	pei	pao	pou		pie				piao			
m	mai	mei	mao	mou		mie				miao	miu		
f		fei		fou									
d	dai	dei	dao	dou	dia	die		duo		diao	diu		dui
t	tai	tei	tao	tou		tie		tuo		tiao			tui
n	nai	nei	nao	nou		nie		nuo	nüe	niao	niu		
l	lai	lei	lao	lou	lia	lie		luo	lüe	liao	liu		
g	gai	gei	gao	gou			gua	guo				guai	gui
k	kai	kei	kao	kou			kua	kuo				kuai	kui
h	hai	hei	hao	hou			hua	huo				huai	hui
j					jia	jie			jue	jiao	jiu		
q					qia	qie			que	qiao	qiu		
x					xia	xie			xue	xiao	xiu		

续表

shēngmǔ 声母 Initials \ yùnmǔ 韵母 Finals	ai	ei	ao	ou	ia	ie	ua	uo	üe	iao	iou (iu)	uai	uei (ui)
z	zai	zei	zao	zou				zuo					zui
c	cai	cei	cao	cou				cuo					cui
s	sai		sao	sou				suo					sui
zh	zhai	zhei	zhao	zhou			zhua	zhuo				zhuai	zhui
ch	chai		chao	chou			chua	chuo				chuai	chui
sh	shai	shei	shao	shou			shua	shuo				shuai	shui
r			rao	rou			rua	ruo					rui

三、鼻 韵母
Nasal Compound Finals

qián bíyīn yùnmǔ 前 鼻音 韵母 The Front Nasal Compound Finals	an	ian	uan	üan
	en	in	uen	ün
hòu bíyīn yùnmǔ 后 鼻音 韵母 The Back Nasal Compound Finals	ang	iang	uang	
	eng	ing	ueng	
			ong	iong

四、

shēng yùn pèihébiǎo
声韵配合表 3
The Graph of Matching Initials and Finals 3

shēngmǔ 声母 Initials \ yùnmǔ 韵母 Finals	an	ian	uan	üan	en	in	uen	ün	ang	iang	uang	eng	ing	ong	iong
b	ban	bian			ben	bin			bang			beng	bing		
p	pan	pian			pen	pin			pang			peng	ping		
m	man	mian			men	min			mang			meng	ming		
f	fan				fen				fang			feng			
d	dan	dian	duan		den		dun		dang			deng	ding	dong	
t	tan	tian	tuan				tun		tang			teng	ting	tong	
n	nan	nian	nuan		nen	nin			nang	niang		neng	ning	nong	
l	lan	lian	luan			lin	lun		lang	liang		leng	ling	long	
g	gan		guan		gen		gun		gang		guang	geng		gong	
k	kan		kuan		ken		kun		kang		kuang	keng		kong	

续表

声母 shēngmǔ Initials \ 韵母 yùnmǔ Finals	an	ian	uan	üan	en	in	uen	ün	ang	iang	uang	eng	ing	ong	iong
h	han		huan		hen		hun		hang		huang	heng		hong	
j		jian		juan		jin		jun		jiang			jing		jiong
q		qian		quan		qin		qun		qiang			qing		qiong
x		xian		xuan		xin		xun		xiang			xing		xiong
z	zan		zuan		zen		zun		zang			zeng		zong	
c	can		cuan		cen		cun		cang			ceng		cong	
s	san		suan		sen		sun		sang			seng		song	
zh	zhan		zhuan		zhen		zhun		zhang		zhuang	zheng		zhong	
ch	chan		chuan		chen		chun		chang		chuang	cheng		chong	
sh	shan		shuan		shen		shun		shang		shuang	sheng			
r	ran		ruan		ren		run		rang			reng		rong	

_{dì èr bùfen liànxí}
第二部分 练习
Part Two Exercises

一、_{dú xiàmian de yīnjié} 读下面的音节
Read the following syllables

ài（爱）　　　hǎo（好）　　　lǎo（老）　　　lòu（漏）

jiā（加）　　　dié（叠）　　　huā（花）　　　luò（落）

xuě（雪）　　　niǎo（鸟）　　　niú（牛）　　　kuài（快）

duì（对）　　　mǎn（满）　　　jiǎn（减）　　　quān（圈）

pén（盆）　　　lín（林）　　　dūn（蹲）　　　jūn（军）

láng（狼）　　　jiāng（姜）　　　guāng（光）　　　lěng（冷）

míng（明）　　　wēng（翁）　　　dòng（洞）　　　xióng（熊）

shuǐ（水）　　　chuáng（床）

▶ 音频 ◀

二、_{biànyīn liànxí} 辨音练习
Identify the following Chinese phonetic alphabets

1. ai　　ei
   dāi　　dēi
   gǎi　　gěi

2. ao　　ou
   pāo　　pōu
   máo　　móu
   lǎo　　lǒu
   zào　　zòu

3. ie　　üe
   jiě　　juě
   qiè　　què

4. ian　　üan
   jiān　　juān
   xiǎn　　xuǎn
   xiàn　　xuàn

▶ 音频 ◀

5. an　　ang

　　bān　　bāng

　　mán　　máng

　　dǎn　　dǎng

　　zàn　　zàng

6. iang　　iong

　　jiāng　　jiōng

　　qiáng　　qióng

7. en　　eng

　　gěn　　gěng

8. in　　ing

　　bīn　　bīng

　　mín　　míng

　　lǐn　　lǐng

　　qìn　　qìng

tīng yǔ dú
三、听与读
Listen and Read

diànnǎo（电脑）

biǎoyáng（表扬）

cāochǎng（操场）

chēngzàn（称赞）

dàngāo（蛋糕）

niúnǎi（牛奶）

bīngxiāng（冰箱）

chènshān（衬衫）

cōngmíng（聪明）

shuǐguǒ（水果）

▶ 音频 ◀

rìcháng yòngyǔ
四、日常 用语
Daily Expressions

Wǒ shì liúxuéshēng!
1. 我 是 留学生！I am an international student!

▶ 音频 ◀

2. Tīng bù dǒng!
   听 不 懂! Don't get it!

3. Dǒng le!
   懂 了! Get it!

Hànyǔ   pīnyīn   guīzé

汉语 拼音 规则

The Rules of
Chinese Phonetic Alphabet

a o e i u ü

b p m f d t

dì yī kè
第一课
Lesson One

Hànyǔ pīnyīn guīzé yī
汉语 拼音 规则（一）
The Rules of Chinese Phonetic Alphabet One

dì yī bùfen kèwén
第 一 部分 课文
Part One Texts

pīnyīn de shěngxiě guīzé
一、拼音 的 省写 规则
The Deletion Rules of Chinese Phonetic Alphabet

Dāng   yǔ fǔyīn shēngmǔ xiāngpīn shí,   suōxiě chéng
1. 当 iou、uei、uen 与 辅音 声母 相拼 时，缩写 成 iu、ui、un。

When *iou*, *uei* and *uen* are spelt with consonant initials, *iou*, *uei* and *uen* will be abbreviated as *iu*, *ui* and *un*.

▶ 音频 ◀

Lìrú:
例如：

For example:

n+ióu=niú（牛）   q+iōu=qiū（秋）

h+uèi=huì（会）   d+uèi=duì（对）

k+uèn=kùn（困）   g+uěn=gǔn（滚）

Dāng   yǔ fǔyīn shēngmǔ xiāngpīn shí,   shěng xiě liǎng diǎn, dàn yǔ   xiāngpīn
2. 当 ü、üe、üan、ün 与 辅音 声母 相拼 时，ü 省 写 两 点，但 与 n、l 相拼

shí chúwài.
时 除外。

When *ü*, *üe*, *üan* and *ü* are spelt with consonant initials, the dots above *ü* should be deleted except for the ones spelt with *n* and *l*.

Lìrú:
例如：

For example:

j+ū=jū（居）　　　q+üē=quē（缺）　　　x+üǎn=xuǎn（选）

q+ún=qún（群）　　l+ǚ=lǜ（绿）　　　　n+üè=nüè（虐）

---

pīnyīn de biāodiào guīzé
二、拼音的标调规则
The Rules for Marking Tones of Chinese Phonetic Alphabet

Shēngdiào zhǔyào biāo zài yí gè yīnjié de zhǔyào yuányīn （yùnfù） shang.
1. 声调 主要 标 在 一个 音节 的 主要 元音（韵腹）上。

The tone symbol should be marked above the main vowel

(essential vowel) of a final.

▶ 音频 ◀

Lìrú:
例如：

For example:

miáo（苗）　　　fēi（飞）　　　fàng（放）　　　lái（来）

yīnwèi zài yǔ fǔyīn shēngmǔ xiāngpīn shí, shěngluèle yùnfù hé , zé qí diàohào
2. iou、uei 因为 在 与 辅音 声母 相拼 时，省略了 韵腹 o 和 e，则 其 调号

fēnbié biāozhù zài hòumian de hé shàngmian.
分别 标注 在 后面 的 u 和 i 上面。

As the essential vowel *o* and *e* of *iou* and *uei* are deleted when *iou* and *uei* are

spelt with consonant initials, the tone symbols should be marked above the latter *u*

and *i*.

Lìrú:
例如：

For example:

liú（留）　　　xiū（修）　　　cuī（催）　　　kuì（愧）

Qīngshēng yīnjié bù biāo diào.
3. 轻声 音节 不 标 调。

There is no any tone symbol above the neural tone.

Lìrú:
例如：

For example:

huì shang（会 上）　　luóbo（萝卜）　　fángzi（房子）　　hé li（河 里）

三、拼音 的 隔音 规则
pīnyīn de géyīn guīzé
The Sound Insulation rules of Chinese Phonetic Alphabet

1. i 开头 的 韵母，在 零声母 音节 中，如果 i 是 韵腹，就 在 i 前面 加上 y。
kāitóu de yùnmǔ， zài língshēngmǔ yīnjié zhōng， rúguǒ shì yùnfù， jiù zài qiánmian jiāshang

▶ 音频 ◀

In zero-initial syllables, if the essential vowel is *i* placed at the beginning, a *y* should be added before the *i*.

Lìrú:
例如：

For example:

i→yī（一）　　　in→yīn（音）　　　ing→yìng（应）

如果 i 不 是 韵腹，就 把 i 改为 y。
Rúguǒ bú shì yùnfù， jiù bǎ gǎiwéi

If the essential vowel of the syllable is not *i* placed at the beginning, the *i* in the syllable should be changed to *y*.

Lìrú:
例如：

For example:

ia→yǎ（雅）　　ie→yé（爷）　　　iao→yào（药）　　　iou→yòu（又）

ian→yān（烟）　　iang→yǎng（养）　　iong→yòng（用）

2. u 开头 的 韵母，在 零声母 音节 中，如果 u 是 韵腹，就 在 u 前面 加上 w。
kāitóu de yùnmǔ， zài língshēngmǔ yīnjié zhōng， rúguǒ shì yùnfù， jiù zài qiánmian jiāshang

In zero-initial syllables, if the essential vowel is *u* placed at the beginning, a *w* should be added before the *u*.

Lìrú:
例如：

For example:

u→wǔ（五）

Rúguǒ shì yùntóu, jiù bǎ gǎichéng .
如果 u 是 韵头，就 把 u 改成 w。

If *u* is the leading vowel of a compound final, *u* in the syllable should be changed to *w*.

Lìrú:
例如：

For example:

ua→wā（挖）   uo→wǒ（我）   uai→wài（外）

uei→wèi（位）   uan→wǎn（晚）   uen→wèn（问）

uang→wáng（王）   ueng→wēng（翁）

kāitóu de yùnmǔ, zài língshēngmǔ yīnjié zhōng, qiánmian jiā bìngqiě shěnglüè shang de liáng diǎn.
3. ü 开头 的 韵母，在 零声母 音节 中，ü 前面 加 y 并且 省略 ü 上 的 两 点。

In zero-initial syllables, if *ü* is the finals placed at the beginning, a *y* should be added before the ü and the two dots above the ü should be deleted.

Lìrú:
例如：

For example:

ü→yǔ（与）   üe→yuè（月）

üan→yuǎn（远）   ün→yún（云）

pīnyīn de dàxiě guīzé
四、拼音 的 大写 规则
The Capitalization Rules of Chinese Phonetic Alphabet

Jùzi kāitóu de zìmǔ dàxiě.
1. 句子 开头 的 字母 大写。

The first letter should be capitalized in a sentence.

▶ 音频 ◀

Lìrú:

例如：

For example:

Wǒ shì liúxuéshēng.（我 是 留学生。）

Zhuānyǒu míngcí huò duǎnyǔ,　 rú rénmíng,　 dìmíng děng,　 kāitóu de zìmǔ dàxiě.

2. 专有 名词 或 短语，如 人名、地名 等，开头 的 字母 大写。

The first letter in a proper noun or phrase, such as name and place name, etc, should be capitalized.

Lìrú:

例如：

For example:

Sìchuān（四川）　　　　　　　Wáng Xiǎopíng（王 小平）

Qīngchéng Shān （青城 山）　　Rénmín Rìbào（人民 日报）

Biāotí zhōng de zìmǔ　 kéyǐ quánbù dàxiě,　 yě kéyǐ měi gè cí kāitóu zìmǔ dàxiě;　 wèile měiguān,

3. 标题 中 的 字母 可以 全部 大写，也 可以 每 个 词 开头 字母 大写；为 了 美观，

yǒushí yě kéyǐ shěnglüè diàohào.

有时 也 可以 省略 调号。

All letters in a title can be capitalized or capitalizes the first letter of each word.

And the tone symbol can also be deleted for beauty.

Lìrú:

例如：

For example:

DUJIANGYAN　　　XIONGMAO　　　JIDI　　　JIANSHE

Dūjiāngyàn　　　　Xióngmāo　　　　Jīdì　　　Jiànshè

都江堰　　　　　　熊猫　　　　　　基地　　　建设

dì   èr   bùfen   liànxí
第二部分　练习
Part Two　Exercises

- -

dàshēng lǎngdú yǐxià cíyǔ
大声 朗读 以下 词语
Read the following words loudly

yīfu（衣服）　　　tóufa（头发）　　　zhuō shang（桌 上）

shétou（舌头）　　kèqi（客气）　　　shīfu（师傅）

xiūxi（休息）　　　míngzi（名字）

▶ 音频 ◀

zhèngquè pīnxiě xiàmian de yīnjié
正确 拼写 下面 的 音节
Spell the following syllables correctly

m+iou =（　　　）　　d+iou =（　　　）　　j+iou =（　　　）

l+iou =（　　　）　　t+uei =（　　　）　　c+uei =（　　　）

k+uei =（　　　）　　zh+uei =（　　　）　　h+uen =（　　　）

z+uen =（　　　）　　s+uen =（　　　）　　r+uen =（　　　）

x+ü =（　　　）　　q+ü =（　　　）　　n+ü =（　　　）

l+üe =（　　　）　　j+üe =（　　　）　　x+üe =（　　　）

j+üan =（　　　）　　q+üan =（　　　）　　j+ün =（　　　）

x+ün =（　　　）

jiāng shēngdiào biāozhù zài yǐxià pīnyīn de zhèngquè wèizhì shang
将 声调 标注 在 以下 拼音 的 正确 位置 上
Mark the tone symbols at the right place above the following syllables

（　　　）　　　　（　　　）　　　　（　　　）　　　　（　　　）

k a i 　　　　　　 p e i 　　　　　　 c a o 　　　　　　 zh u a

( )	( )	( )	( )
s a n g	b i n g	n i a n	s h u i

( )	( )	( )	( )
m i u	q i u	n i u	j i u

( )	( )	( )	( )
s h u a i	c h u a n g	x i o n g	z h u a n

四、 zhào yàngzi lián yi lián
照 样 子 连 一 连
Match the syllables on the left with the syllables on the right

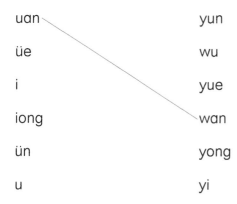

uan	yun
üe	wu
i	yue
iong	wan
ün	yong
u	yi

五、 pànduàn xiàmian jù zi de dàxiě shìfǒu zhèngquè, zhèngquè de zài kuòhào li dǎ
判断 下面 句子 的 大写 是否 正确，正确 的 在 括号 里 打 "√"，
cuòwù de zài kuòhào li dǎ
错误 的 在 括号 里 打 "×"。
Decide whether the following capitalized letters are correct (√) or wrong (×).

1. Wǒ shì tàiguǒ rén. （我 是 泰国 人。）　　　　　　　（　　　）

2. jiàoshì zài Nàr. （教室 在 那儿。）　　　　　　　（　　　）

3. Xiànzài shì Bā diǎn. （现在 是 八 点。）　　　　　　　（　　　）

4. Nǐ Xǐhuān Chī Shénme? （你 喜欢 吃 什么？）　　　　　　　（　　　）

六、**日常 用语**
rìcháng yòngyǔ
Daily Expressions

Hěn gāoxìng rènshi nǐ.
1. 很 高兴 认识 你。Nice to meet you. / A pleasure to meet you.

Xiànzài jí diǎn?
2. 现在 几 点？What's the time now?

Zhège duōshao qián?
3. 这个 多少 钱？How much is this one? / How much for this one?

Tài guì le!
4. 太 贵 了！Too expensive!

Piányi yìdiǎnr!
5. 便宜 一点儿！Make it cheaper!

▶ 音 频 ◀

dì èr kè
第二课
Lesson Two

Hànyǔ pīnyīn guīzé èr
汉语 拼音 规则（二）
The Rules of Chinese Phonetic Alphabet Two

dì yī bùfen kèwén
第一部分 课文
Part One Texts

shǎngshēng de biàndiào
一、上声 的 变调
The Sandhi of Falling-rising Tone

Liǎng gè shǎngshēng dúyīn xiānglián, dì yī gè shǎngshēng diàozhí cóng biànwéi
1. 两个 上声 读音 相连，第一个 上声 调值 从 214 变为 35。

When two falling-rising tones are connected, the tone value of the first falling-rising tone changes from 214 to 35.

Lìrú:
例如：

For example:

▶ 音频 ◀

214+214→35+214　你 好（nǐ hǎo→ní hǎo）　　水果（shuǐguǒ→shuíguǒ）

水 井（shuǐ jǐng→shuí jǐng）　　可以（kěyǐ →kéyǐ）

Shǎngshēng jiā qīngshēng, shǎngshēng diàozhí cóng biànwéi huò
2. 上声 加 轻声，上声 调值 从 214 变为 35 或 21。

When a falling-rising tone is followed by a neutral tone, the tone value of the falling-rising tone changes from 214 to 35 or 21.

Lìrú:
例如：

For example:

(1) 214+轻声→35+轻声

哪里（nǎli→náli）　　　晌午（shǎngwu→shángwu）

想起（xiǎngqi→xiángqi）　等等（děngdeng→déngdeng）

(2) 214+轻声→21+轻声

椅子（yǐzi→yǐzi）　　　耳朵（ěrduo→ěrduo）

姐姐（jiějie→jiějie）　　尾巴（wěiba→wěiba）

二、 "yī" "bù" de biàndiào
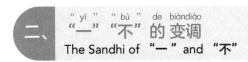
"一""不"的变调
The Sandhi of "一" and "不"

"Yī" de yuándiào wéi yīnpíng, jí diàozhí; "bù" de yuándiào
"一"的 原调 为 阴平，即 55 调值；"不"的 原调

wéi qùshēng, jí diàozhí. "Yī" "bù" dú yuándiào shí yǒu yǐxià sān zhǒng
为 去声，即 51 调值。"一""不" 读 原调 时 有 以下 三 种

qíngkuàng: dān niàn; cí jù mòwěi; dāng "yī" biǎo xùshù shí.
情况：单 念；词 句 末尾；当 "一" 表 序数 时。

▶ 音频 ◀

The original tone value of "一" is high-level tone, namely the tone value of 55, and the original tone value of "不" is falling tone, namely the tone value of 51. There are three occasions for "一" and "不" to read their original tone values: read alone, put the end of a phrase or sentence, and as ordinal numeral.

Lìrú:
例如：

For example:

一：一（yī）　　　统一（tǒngyī）　　　第一（dì-yī）　　　十一（shíyī）

不：不（bù）　　　就不（jiùbù）　　　要不（yàobù）　　　绝不（juébù）

"yī" "bù" biàndiào guīlù jīběn xiāngtóng.
"一""不" 变调 规律 基本 相同。

The sandhi pattern of "一" and "不" is basically the same.

Zài qùshēng qián, diàozhí cóng yuándiào biànwéi
1. 在 去声 前，调值 从 原调 变为 35。

When "一" and "不" are put before a falling tone, the tone value of "一" and "不" changes to 35.

Lìrú:
例如：

For example:

一样（yīyàng→yíyàng）   一定（yīdìng→yídìng）

一 对（yī duì→yí duì）   一 块（yī kuài→yí kuài）

不 怕（bù pà→bú pà）   不 算（bù suàn→bú suàn）

不 像（bù xiàng→bú xiàng） 不 对（bù duì→bú duì）

Zài fēi qùshēng (yīnpíng, yángpíng, shǎngshēng) qián, "yī" yīnpíng diàozhí cóng biànwéi
2. 在 非 去声（阴平、阳平、上声）前，"一" 阴平 调值 从 55 变为 51；
"bù" réng dú yuándiào.
"不" 仍 读 原调。

Before high-level tone, rising tone, and falling-rising tone, the tone value of "一" changes from 55 to 51, while the tone value of "不" does not change.

Lìrú:
例如：

For example:

yīnpíngqián
(1) 阴平前   Before high-level tone

一 天（yī tiān→yì tiān）   一 边（yī biān→yì biān）

不 多（bù duō→bù duō）   不 吃（bù chī→bù chī）

yángpíngqián
(2) 阳平前   Before rising tone

一 直（yīzhí→yìzhí）   一 同（yītóng→yìtóng）

不 来（bù lái→bù lái）　　　　　不 同（bù tóng→bù tóng）

shǎngshēngqián
(3) 上声前　Before falling-rising tone

一 早（yīzǎo→yìzǎo）　　　　　一 起（yīqǐ→yìqǐ）

不 想（bù xiǎng→bù xiǎng）　　　不 久（bùjiǔ→bùjiǔ）

"yī"　　"bù"　fàngzài xiāngtóng de dòngcí de zhōngjiān shí,　dú qīngshēng.
3. "一""不" 放在 相同 的 动词 的 中间 时，读 轻声。

When "一" and "不" are in the middle of the same verb, the tone value of "一" and "不" becomes neutral tone.

Lìrú:
例如：

For example:

试 一 试（shì yī shì→shì yi shì）　　看 一 看（kàn yī kàn→kàn yi kàn）

开 不 开（kāi bù kāi→kāi bu kāi）　　好 不 好（hǎo bù hǎo→hǎo bu hǎo）

 三、轻声
qīngshēng
The Neutral Tone

Zhùcí　"de"　"dì"　"dé"　"zhe"　"le"　"guò"　hé　yǔqìcí
1. 助词 "的""地""得""着""了""过" 和 语气词
"ba"　"ma"　"ne"　"a"　děng dú qīngshēng.
"吧""嘛""呢""啊" 等 读 轻声。

The auxiliary words, such as "的""地""得""着""了" "过", and the modal particles, such as "吧""嘛""呢" "啊" etc. should be read in neutral tone.

▶ 音频 ◀

Lìrú:
例如：

For example:

聪明 的（cōngmíng de）　　笑着（xiàozhe）　　　累了（lèile）

学过（xuéguo）　　　　　　去 吧（qù ba）　　　好 嘛（hǎo ma）

你 呢（nǐ ne）　　　　　　谁 啊（shéi a）

Bùfen chóngdiécí de hòu yì yīnjié dú qīngshēng.
2. 部分 重叠词 的 后一 音节 读 轻声。

The last syllable of some reduplicative words should be read in neutral tone.

Lìrú:
例如：

For example:

妈妈（māma）　　　弟弟（dìdi）　　　看看（kànkan）　　　星星（xīngxing）

Shuāngyīn dòngcí chóngdié shì　　　　de dì èr, sì yīnjié dú qīngshēng.
3. 双音 动词 重叠 式ABAB 的 第二、四音节 读 轻声。

The second and the fourth syllables of dual tone verbs, such as ABAB, should be read in neutral tone.

Lìrú:
例如：

For example:

学习 学习（xuěxi xuěxi）　　　　　　研究 研究（yánjiu yánjiu）

考虑 考虑（kǎolü kǎolü）　　　　　　检查 检查（jiǎncha jiǎncha）

Hòuzhuì "zǐ" "tóu" "men" děng dú qīngshēng.
4. 后缀 "子" "头" "们" 等 读 轻声。

The suffix, namely "子" "头" "们" and so on should be read in neutral tone.

Lìrú:
例如：

For example:

鸽子（gēzi）　　　石头（shítou）　　　你们（nǐmen）　　　他们（tāmen）

Biǎoshì fāngwèi de cí huò yǔsù dú qīngshēng.
5. 表示 方位 的 词 或 语素 读 轻声。

A word or morpheme that indicates a direction should be read in neutral tone.

例如：

For example:

地上（dìshang）　天上（tiānshang）　水里（shuǐ li）　外面（wàimian）

6. 动词、形容词 后面 表示 趋向 的 词，如 "来" "去" "起来" "下去" 等 读 轻声。

A word that indicates a tendency after a verb or an adjective, such as "来"

"去" "起来" "下去" and so on should be read in neutral tone.

例如：

For example:

出来（chūlai）　过去（guòqu）　跳下去（tiàoxiaqu）　动起来（dòngqilai）

7. 有一些 常用 的 词，由于 长期 的 口语 习惯 而 必须 读 轻声。

Some words should be read in neutral tone as long-term oral Chinese habit.

例如：

For example:

脑袋（nǎodai）　　　咳嗽（késou）　　　护士（hùshi）

事情（shìqing）　　　胳膊（gēbo）　　　窗户（chuānghu）

消息（xiāoxi）　　　招呼（zhāohu）　　　清楚（qīngchu）

客气（kèqi）　　　　先生（xiānsheng）　　没关系（méiguānxi）

头发（tóufa）　　　　钥匙（yàoshi）　　　月亮（yuèliang）

认识（rènshi）

四、儿化
érhuà
Rhotic Accent

Zài pǔtōnghuà zhōng, mǒu xiē cí zài kóuyǔ zhōng wángwǎng yào jiā juǎnshé
在普通话 中，某 些 词 在 口语 中 往往 要 加 卷舌

dòngzuò, jí jiā yí gè cíwěi "ér", yòngyǐ qūbié cíyì, qūfēn cíxìng
动作，即 加 一 个 词尾 "儿"，用以 区别 词义、区分 词性

hé biǎoshì gǎnqíng sècǎi.
和 表示 感情 色彩。

▶ 音频 ◀

In Mandarin, a tongue rolling is usually added after some characters in speaking, namely a "儿" is added after a character, to recognize the meaning, property and sentimental color of that character.

Lìrú:
例如：

For example:

qūbié cíyì:
(1) 区别 词义：To distinguish the meaning of words

xìn shūxìn xìnr xìnxī
信（书信）——信儿（信息）

qūfēn cíxìng:
(2) 区分 词性：To distinguish the properties of words

huà dòngcí huàr míngcí
画（动词）——画儿（名词）

biǎoshì gǎnqíng sècǎi:
(3) 表示 感情 色彩：To express various emotions

xiǎo háir
小孩儿

<ruby>dì<rt></rt></ruby> <ruby>èr<rt></rt></ruby> <ruby>bùfen<rt></rt></ruby> <ruby>liànxí<rt></rt></ruby>

第二部分 练习
Part Two Exercises

dàshēng lǎngdú xiàmian de yīnjié
一、大声 朗读 下面 的 音节
Read the following syllables loudly

▶ 音频 ◀

1. chúlǐ（处理）　　　　wǔ diǎn（五点）

 yéxǔ（也许）　　　　líxiǎng（理想）

 zóuzou（走走）　　　zhěntou（枕头）

 nǎinai（奶奶）　　　 zhǐjia（指甲）

 yí cì（一次）　　　　yí jiàn（一件）

 yì zhōu（一周）　　　yíxiàng（一向）

 bù zhǔn（不准）　　　bú huài（不坏）

 bù mǎi（不买）　　　 bú zài（不在）

2. tǎngzhe（躺着）　　　chīguo（吃过）

 wǒmen（我们）　　　 mántou（馒头）

 mèimei（妹妹）　　　 liǎnshang（脸上）

 péngyou（朋友）　　　jìnlai（进来）

 huār（花儿）　　　　 lǎotóur（老头儿）

 xiǎotōur（小偷儿）　　yìdiǎnr（一点儿）

 wánr（玩儿）　　　　 yǒuqùr（有趣儿）

 yíhuìr（一会儿）　　　dāojiānr（刀尖儿）

二、 biāo chū xiàmian jiācū pīnyīn de biàndiào, bìng dàshēng lǎngdú
标出 下面 加粗 拼音 的 变调，并 大声 朗读
Mark the sandhi of the bold and read them loudly

► 音频 ◄

1. **ling** dǎo   **liao** jiě

   mei mǎn   **you** hǎo

   zhu zhāng   **yan** yuǎn

   jiang kè   **lao** shǔ

2. wéi **yi**   **yi** jù

   yi shēng   tán **yi** tán

   wén **yi** wén   wàn **yi**

   yi liàng   **yi** zhī

3. piān **bu**   **bu** gòu

   bu màn   **bu** biàn

   zuò **bu** hǎo   **bu** shàng **bu** xià

   bu zǎo **bu** wǎn

三、 rìcháng yòngyǔ
日常 用语
Daily Expressions

► 音频 ◄

Jiàoshì zài nǎr?
1. 教室 在 哪儿? Where is the classroom?

Qíng děng yīhuìr!
2. 请 等 一会儿! Please wait a moment!

Nàr shì shítáng ma?
3. 那儿 是 食堂 吗? Is that the dining room?

Wǒ bù chī ròu.
4. 我 不 吃 肉。I don't eat meat.

Qǐng zài shuō yí biàn.
5. 请 再 说 一 遍。Please say it again. / I beg your pardon.

rìcháng   Hànyǔ

日常 汉语

Daily Chinese Conversation

a o e i u ü

b p m f d t

第一课 Lesson One
dì yī kè

自我 介绍
zìwǒ jièshào
Self-introduction

热身 活动 Warming-up
rèshēn huódòng

Tóngzhuō liǎng rén yì zǔ, shì yòng bù tóng de yǔyán shuō "nǐ hǎo".
同桌 两人一组，试用不同的语言说"你好"。

Working with your deskmate, try to say "Hello" in different languages.

第一部分 课文
dì yī bùfen kèwén

Part One   Texts

^{kèwén} ^{yī}
课文（一）
Text One

▶ 音频 ◀

（ Xiàoyuán lǐ. ）
（校园里。）

Ān Lóng　Ní hǎo!
安 龙：你 好！

Fāng Tíng　Ní hǎo!
芳 婷：你 好！

Ān Lóng　Wǒ jiào Ān Lóng. Nǐ jiào shénme míngzi?
安 龙：我 叫 安 龙。你 叫 什么 名字？

Fāng Tíng　Wǒ jiào Fāng Tíng.
芳 婷：我 叫 芳 婷。

Ān Lóng　Nǐ shì nǎ guó rén?
安 龙：你 是 哪 国 人？

Fāng Tíng　Wǒ shì Tàiguó rén. Nǐ ne?
芳 婷：我 是 泰国 人。你 呢？

Ān Lóng　Wǒ shì Tǎjíkèsītǎn rén.
安 龙：我 是 塔吉克斯坦 人。

Fāng Tíng　Hěn gāoxìng rènshi nǐ.
芳 婷：很 高兴 认识 你。

Ān Lóng　Wó yě hěn gāoxìng rènshi nǐ.
安 龙：我 也 很 高兴 认识 你。

(On campus.)

　An Long：Hello!

Fang Ting：Hello!

　An Long：My name is An Long. What's your name?

Fang Ting：My name is Fang Ting.

　An Long：What's your nationality?

Fang Ting：I am Thai. What about you?

An Long：I am Tajik.

Fang Ting：Nice to meet you.

An Long：Nice to meet you, too.

课文 生词（一）
kèwén shēngcí yī
New Words One

1. 叫 *v.* call
   jiào

2. 什么 *pron.* what
   shénme

3. 名字 *n.* name
   míngzi

4. 高兴 *adj.* glad, happy
   gāoxìng

5. 认识 *v.* know, meet
   rènshi

6. 也 *adv.* too, as well
   yě

课文（二）
kèwén èr
Text Two

（在 教室 里。）
（Zài jiàoshì li.）

杨老师：同学们 好！
Yáng lǎoshī Tóngxuémen hǎo!

安龙、芳婷、阮兰：老师 好！
Ān Lóng, Fāng Tíng, Ruǎn Lán: Lǎoshī hǎo!

杨老师：很高兴 成为 你们 的 汉语 口语 老师。（面对
Yáng lǎoshī Hěn gāoxìng chéngwéi nǐmen de Hànyǔ kóuyǔ lǎoshī. (miànduì

阮兰）你叫 什么 名字？
Ruǎn Lán) Nǐ jiào shénme míngzi?

阮兰：我叫阮兰。
Ruǎn Lán　Wǒ jiào Ruǎn Lán.

杨老师：你是哪国人？
Yáng lǎoshī　Nǐ shì nǎ guó rén?

阮兰：我是越南人。
Ruǎn Lán　Wǒ shì Yuènán rén.

杨老师：你多大？
Yáng lǎoshī　Nǐ duō dà?

阮兰：我十九岁。
Ruǎn Lán　Wǒ shíjiǔ suì.

杨老师：（面对芳婷）你呢？
Yáng lǎoshī　（miànduì Fāng Tíng）　Nǐ ne?

芳婷：我叫芳婷。我是泰国人，十八岁。
Fāng Tíng　Wǒ jiào Fāng Tíng. Wǒ shì Tàiguó rén,　shíbā suì.

杨老师：（面对芳婷，指向安龙）他是谁？
Yáng lǎoshī　（miànduì Fāng Tíng,　zhǐxiàng Ān Lóng）　Tā shì shéi?

芳婷：他叫安龙。
Fāng Tíng　Tā jiào Ān Lóng.

杨老师：（面对安龙）你也是泰国人吗？
Yáng lǎoshī　（miànduì Ān Lóng）　Nǐ yě shì Tàiguó rén ma?

安龙：不，我不是泰国人。我是塔吉克斯坦人。
Ān Lóng　Bù,　wǒ bú shì Tàiguó rén. Wǒ shì Tǎjíkèsītǎn rén.

(In the classroom.)

Teacher Yang：Hello, students!

An Long, Fang Ting, Ruan Lan: Hello, teacher!

Teacher Yang：I'm glad to be your oral Chinese teacher. (Face to Ruan Lan) What's your name?

Ruan Lan：My name is Ruan Lan.

Teacher Yang：What's your nationality?

Ruan Lan：I'm Vietnamese.

Teacher Yang：How old are you?

Ruan Lan：I'm nineteen years old.

Teacher Yang：(Facing to Fang Ting) How about you?

Fang Ting：I'm Fang Ting. I'm Thai and eighteen years old.

Teacher Yang：(Facing to Fang Ting and pointing to An Long) Who is he?

Fang Ting：His name is An Long.

Teacher Yang：(Facing to An Long) Are you Thai, too?

An Long：No, I'm not Thai. I'm Tajik.

kèwén shēngcí èr
课文 生词（二）
New Words Two

tóngxué
1. 同学 *n.* student

men
2. 们 *suf.* the plural of person

lǎoshī
3. 老师 *n.* teacher

chéngwéi
4. 成为 *v.* become

Hànyǔ
5. 汉语 *n.* Chinese

kóuyǔ
6. 口语 *n.* spoken language

duō dà
7. 多大 *pron.* how old

▶ 音频 ◀

第二部分 交际 功能句
<small>dì èr bùfen　jiāojì gōngnéngjù</small>

Part Two　Communicative Functional Sentences

一、打 招呼
<small>dǎ zhāohu</small>

Greetings

<small>Nǐ hǎo!</small>
1. 你 好!

<small>Tóngxuémen hǎo!</small>
2. 同学们 好!

<small>Lǎoshī hǎo!</small>
3. 老师 好!

▶ 音 频 ◀

二、自我 介绍
<small>zìwǒ jièshào</small>

Self-introduction

<small>Wǒ jiào Ān Lóng.</small>
1. 我 叫 安 龙。

<small>Wǒ shì Tàiguó rén.</small>
2. 我 是 泰国 人。

<small>Wǒ bú shì Tàiguó rén.</small>
3. 我 不 是 泰国 人。

<small>Wǒ shíjiǔ suì.</small>
4. 我 十九 岁。

▶ 音 频 ◀

三、询问 信息
<small>xúnwèn xìnxī</small>

Information Enquiry

<small>Nǐ jiào shénme míngzi?</small>
1. 你 叫 什么 名字?

<small>Nǐ shì nǎ guó rén?</small>
2. 你 是 哪 国 人?

<small>Nǐ duō dà?</small>
3. 你 多 大?

<small>Tā shì shéi?</small>
4. 他 是 谁?

▶ 音 频 ◀

dì sān bùfen liànxí
第三部分　练习
Part Three　Exercises

fāyīn liànxí
一、发音 练习
Pronunciation Practice

hǎo　　Ní hǎo!　　　Nǐmen hǎo!
1. 好　　你 好!　　　你们 好!

míngzi　　shénme míngzi　　Nǐ jiào shénme míngzi?
2. 名字　　什么 名字　　你 叫 什么 名字?

Tàiguó　　Tàiguó rén　　Wǒ shì Tàiguó rén. Wǒ bú shì Tàiguó rén.
3. 泰国　　泰国 人　　我 是 泰国 人。我 不是 泰国 人。

nǎ　　nǎ guó　　nǎ guó rén　　Nǐ shì nǎ guó rén?
4. 哪　　哪 国　　哪 国 人　　你 是 哪 国 人?

▶ 音频 ◀

tìhuàn cíyǔ shuō jùzi
二、替换 词语 说 句子
Replace the words and then read the sentences

Ní hǎo!
1. 你 好!

nín　　　　　nǐmen　　　　zǎoshang
您　　　　　你们　　　　早上

xiàwǔ　　　　wǎnshang
下午　　　　晚上

▶ 音频 ◀

Wǒ shì Tàiguó rén.
2. 我 是 泰国 人。

Měnggǔguó　　　Měiguó　　　　Mǎláixīyà
蒙古国　　　　美国　　　　马来西亚

Yìndùníxīyà　　Hánguó
印度尼西亚　　韩国

Wǒ jīn nián shíjiǔ suì.
3. 我 今年 十九 岁。

tā　　èrshí　　　tā　　shíbā
他　　二十　　　她　　十八

Ruǎn Lán　shíqī　　Ān nī　èrshísān
阮兰　十七　　安妮　二十三

三、 xuǎncí tiánkòng
选词 填空
Fill in the Gaps

Xiān dúlì tiánxiě dáàn, ránhòu tīng lùyīn héshí suó xiě de dáàn shìfǒu zhèngquè.
先独立 填写 答案，然后 听 录音 核实 所写 的 答案 是否 正确。

Fill in the answers first and listen to the recording afterwards to check if the answers are correct.

▶ 音频 ◀

---

shì　　jiào　　yě　　ní hǎo　　míngzi
是　　叫　　也　　你好　　名字

Ní hǎo!
1. A：你 好!

!
B：(　　　　　　)!

Nǐ jiào shénme　　　　　?
2. 你 叫 什么 (　　　　　)?

Wǒ　　　　Lǐ Míng.
3. 我 (　　　　　) 李 明。

Wǒ　　　　liúxuéshēng.
4. 我 (　　　　　) 留学生。

Hěn gāoxìng rènshi nǐ.
5. A：很 高兴 认识 你。

Wǒ　　　　hěn gāoxìng rènshi nǐ.
B：我 (　　　　　) 很 高兴 认识 你。

四、 tīng lùyīn, wánchéng yǐxià duìhuà
听 录音，完成 以下 对话
Listen to the recording and complete the following dialogue

Tóngxuémen hǎo!
1. A：同学们 好!

▶ 音频 ◀

B: _____!

2. A: _____?

Wǒ shì Zhōngguó rén.
B: 我是 中国 人。

3. A: Nǐ shì Zhōngguó rén ma?
你是 中国 人吗?

B: _____。

4. A: _____?

Wǒ jīn nián shíbā suì.
B: 我今年 十八岁。

5. A: Nǐ jiào shénme míngzi?
你叫 什么 名字?

B: _____。

五、 jiāojì rènwu
交际 任务
Communicative Task

Gēnjù běn kè suó xué nèiróng, xiàng nǐ de tóngzhuō jìnxíng zìwǒ jièshào.
根据 本 课 所学 内容,向你的 同桌 进行 自我 介绍。

According to the content you have learnt from this lesson, introduce yourself to your deskmate.

第二课 dì èr kè
Lesson Two

wèn lù
问 路
Ask for the Way

▶ 音频 ◀

Xiǎozǔ yìqǐ tǎolùn, miáoshù yíxià rúhé cóng xuéxiào shítáng zǒudào jiàoxuélóu?
小组 一起 讨论，描述 一下 如何 从 学校 食堂 走到 教学楼？

Work with your team members and discuss the routes from canteen to different

teaching buildings.

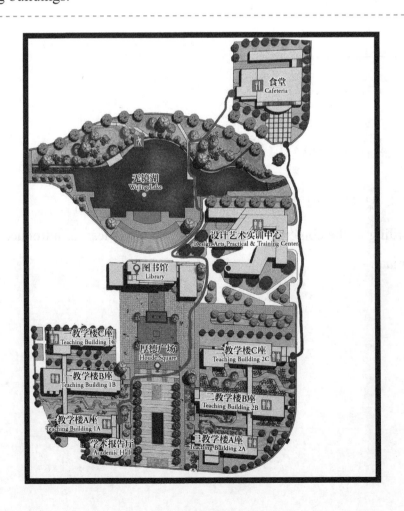

第一部分 课文
Part One Texts

kèwén yī
课文（一）
Text One

（ Xuéxiào chāoshì mén wài. ）
（学校 超市 门 外。）

Ruǎn Lán　Tóngxué，ní hǎo！Qǐng wèn，dì yī jiàoxuélóu
阮兰：同学，你好！请问，第一教学楼

zài　nǎr？
在 哪儿？

▶ 音频 ◀

Chén Shān　（yòng shǒu zhǐzhe qiánbian de lù）Nǐ yánzhe zhè tiáo lù yìzhí
陈山：（用手指着前边的路）你沿着这条路一直

走，直到 看见 一个 转盘，右转，然后 直走
300 米，右边 的 那座 楼 就是 第一 教学楼。

阮兰：（用手 指着 左前方）是 那条 路 吗？

陈山：不是的，那是 通往 操场 的路。右前方 的
路 才是 通往 第一 教学楼 的路。

阮兰：懂了。谢谢。

陈山：不用谢！

(Outside the campus supermarket.)

Ruan Lan：Hello, class! Excuse me! Could you tell me where the First Teaching Building is?

Chen Shan：(Pointing at the road ahead) Go straight along this road until you reach the roundabout, then turn right and continue walking, to cover 300 meters. The First Teaching Building will be on your right.

Ruan Lan：(Pointing at the left-front road) Is it that road?

Chen Shan：No, that road leads to the playground. The right-front road leads to the First Teaching Building.

Ruan Lan：I see. Thank you.

Chen Shan：You are welcome.

课文 生词（一）
kèwén shēngcí yī
New Words One

▶ 音频 ◀

1. qǐng wèn
请问 *phrase.* excuse me.

2. dì yī
第一 *num.* first

3. nǎr
哪儿 *pron.* where

4. qiánbian
前边 *adj.* ahead

5. yìzhí
一直 *adv.* always

6. zhídào
直到 *prep.* until

7. zhuǎn
转 *v.* turn

8. yòubian
右边 *n.* right side

9. zuǒ qián fāng
左前方 *n.* left-front side

10. yòu qián fāng
右前方 *n.* right-front side

11. tōng wǎng
通往 *VP.* lead to

课文（二）
kèwén èr
Text Two

(Xuéxiào dàmén wài.)
（学校 大门 外。）

▶ 音频 ◀

Ān Lóng Dàshū, nín hǎo! Qǐng wèn qù Zhōngguó Yínháng
安龙：大叔，您 好！请 问 去 中国 银行

zěnme zǒu?
怎么 走？

lùrén Zhèlǐ méiyǒu Zhōngguó Yínháng.
路人：这里 没有 中国 银行。

Ān Lóng Nà zhè fùjìn yǒu Zhōngguó Yínháng ma?
安龙：那 这 附近 有 中国 银行 吗？

lùrén Méi yǒu. Dūjiāngyàn shìqū yǒu. Nǐ yào cóng zhèlǐ zuò lù
路人：没 有。都江堰 市区 有。你 要 从 这里 坐 201A 路

公交车，然后 在 塔子坝 中学 公交站 换乘 4 路

公交车，到 兴业 银行 下 车。中国 银行 就 在

兴业 银行 的 旁边。

安龙：请问 您 知道 银行 几 点 开 门 吗？

路人：从 早上 9:00 到 下午 5:00。

安龙：星期 六 也 开着 吗？

路人：一般 是 星期 一 到 星期 五。周末 不 开 门。

安龙：谢谢！

路人：不 用 谢！

(Outside the campus.)

An Long：Excuse me, sir! Could you tell me how to reach the Bank of China, please?

Passerby：There is no Bank of China here.

An Long：Is there a Bank of China nearby?

Passerby：No, there isn't. Only in Dujiangyan downtown. To reach there, you should take the bus No.201A here to Taziba Middle School Stop, then transfer the bus No.4 and get off at Industrial Bank Stop. The Bank of China is just beside it.

An Long：Do you know the opening time?

Passerby：From 9:00 a.m. to 5:00 p.m.

An Long：Is it open on Saturday as well?

Passerby：Normally from Monday to Friday. It will be closed at weekend.

An Long：Thank you.

Passerby：You are welcome.

kèwén shēngcí èr
课文 生词（二）
New Words Two

1. qù
   去 *v.* go

2. yínháng
   银行 *n.* bank

3. zěnme
   怎么 *conj.* how

4. fùjìn
   附近 *adj.* nearby

5. shìqū
   市区 *n.* downtown

6. ránhòu
   然后 *adv.* then

7. dào
   到 *v.* reach

8. pángbiān
   旁边 *n.* side

9. cóng
   从 *prep.* from

10. huànchéng
    换乘 *v.* transfer

▶ 音 频 ◀

dì èr bùfen   jiāojì gōngnéngjù
第 二 部分   交际 功能句

Part Two   Communicative Functional Sentences

一、 wèn lù
问 路
Asking for Directions

Qǐng wèn, dì yī jiàoxuélóu zài nǎr?
1. 请 问，第 一 教学楼 在 哪儿？

Shì nà tiáo lù ma?
2. 是 那 条 路 吗？

Qǐng wèn qù Zhōngguó Yínháng zěnme zǒu?
3. 请 问 去 中国 银行 怎么 走？

Nà zhè fùjìn yǒu Zhōngguó Yínháng ma?
4. 那 这 附近 有 中国 银行 吗？

▶ 音频 ◀

二、 zhǐ lù
指 路
Giving Directions

Nǐ yánzhe zhè tiáo lù yìzhí zǒu, zhídào kànjiàn yí gè zhuànpán, yòu zhuǎn,
1. 你 沿着 这条 路 一直 走，直到 看见 一个 转盘，右 转，

ránhòu zhí zǒu   mǐ, yòubian de nà zuò lóu jiù shì dì yī
然后 直走 300 米， 右边 的 那座 楼 就是 第一

jiàoxuélóu.
教学楼。

▶ 音频 ◀

Nà shì tōng wǎng cāochǎng de lù. Yòu qián fāng de lù cái shì tōng wǎng dì yī jiàoxuélóu de lù.
2. 那是 通往 操场 的 路。右 前 方 的 路 才 是 通 往 第 一 教学楼 的 路。

Dūjiāngyàn shìqū yǒu. Nǐ yào cóng zhèlǐ zuò   lù gōngjiāochē, ránhòu zài Tǎzibà zhōngxué
3. 都江堰 市区 有。你 要 从 这里 坐 201A 路 公交车，然后 在 塔子坝 中学

gōngjiāozhàn huànchéng lù gōngjiāochē, dào Xīngyè Yínháng xià chē. Zhōngguó Yínháng jiù zài Xīngyè
公交站 换乘 4 路 公交车，到 兴业 银行 下 车。中国 银行 就 在 兴业

Yínháng de pángbiān.
银行 的 旁边。

三、问 时间
wèn shíjiān
Asking about the Time

Qǐng wèn nín zhīdào yínháng jǐ diǎn kāi mén ma?
1. 请 问 您 知道 银行 几 点 开 门 吗?

Xīngqī liù yě kāizhe ma?
2. 星期六 也 开着 吗?

四、表达 时间
biǎodá shíjiān
Expressing Time

Cóng zǎoshang jiǔ diǎn dào xiàwǔ wǔ diǎn.
1. 从 早上 9:00 到 下午 5:00。

Yībān shì xīngqī yī dào xīngqī wǔ. Zhōumò bù kāi mén.
2. 一般 是 星期一 到 星期五。周末 不 开 门。

音频

dì sān bùfen   liànxí
第三部分 练习
Part Three   Exercises

fāyīn   liànxí
一、发音 练习
Pronunciation Practice

nǎr   zài nǎr   Dì yī jiàoxuélóu zài nǎr?
1. 哪儿   在 哪儿   第一 教学楼 在 哪儿？

zǒu   zěnme zǒu   Qù Zhōngguó Yínháng zěnme zǒu?
2. 走   怎么 走   去 中国 银行 怎么 走？

yǒu   yǒu Zhōngguó Yínháng
3. 有   有 中国 银行

Zhèlǐ yǒu Zhōngguó Yínháng.   Zhèlǐ méiyǒu Zhōngguó Yínháng.
这里 有 中国 银行。这里 没有 中国 银行。

zuò   zuò gōngjiāochē   zuò   lù gōngjiāochē
4. 坐   坐 公交车   坐 4 路 公交车

Zài Sìchuān Gōngshāng Zhíyè Jìshù Xuéyuàn zuò   lù   gōngjiāochē.
在 四川 工商 职业 技术 学院 坐 4 路 公交车。

chéng   huànchéng   huànchéng gōngjiāochē   huànchéng   lù gōngjiāochē
5. 乘   换乘   换乘 公交车   换乘 4 路 公交车

Zài Tǎzibà zhōngxué gōngjiāozhàn huànchéng   lù gōngjiāochē.
在 塔子坝 中学 公交站 换乘 4 路 公交车。

chē   xià chē   Dào Xīngyè Yínháng xià chē.
6. 车   下 车   到 兴业 银行 下 车。

pángbiān   Xīngyè Yínháng de pángbiān   zài Xīngyè Yínháng de pángbiān
7. 旁边   兴业 银行 的 旁边   在 兴业 银行 的 旁边

Zhōngguó Yínháng jiù zài Xīngyè Yínháng de pángbiān.
中国 银行 就 在 兴业 银行 的 旁边。

shàng kè   jí diǎn shàng kè   Xuéxiào jí diǎn shàng kè?
8. 上 课   几点 上 课   学校 几点 上 课？

kāi   kāi mén   jí diǎn kāi mén
9. 开   开 门   几点 开门

Yínháng jí diǎn kāi mén?
银行 几点 开门？

二、 替换 词语 说 句子
tìhuàn cíyǔ shuō jùzi
Replace the words and then read the sentences

1. 请 问，第 一 教学楼 在 哪儿？
Qǐng wèn, dì yī jiàoxuélóu zài nǎr?

▶ 音 频 ◀

操场　　　　食堂　　　　教室　　　　超市
cāochǎng　　 shítáng　　 jiàoshì　　 chāoshì

2. 请 问 去 中国 银行 怎么 走？
Qǐng wèn qù Zhōngguó Yínháng zěnme zǒu?

都江堰 市区　　熊猫 基地　　青城 山
Dūjiāngyàn shìqū　 xióngmāo jīdì　 Qīngchéng shān

3. 从 这里 坐 201A 路 公交车，然后 在 塔子坝 中学 公交站 坐 4 路 公交车。
Cóng zhèlǐ zuò lù gōngjiāochē, ránhòu zài Tǎzibà Zhōngxué gōngjiāozhàn zuò lù gōngjiāochē.

春熙路　　天府 广场
Chūnxī Lù　 Tiānfǔ Guángchǎng

天府 广场　　春熙路
Tiānfǔ Guángchǎng　 Chūnxī Lù

锦里　　宽窄 巷子
Jǐnlǐ　　 Kuān-zhǎi Xiàngzi

宽窄 巷子　　锦里
Kuān-zhǎi Xiàngzi　 Jǐnlǐ

4. 中国 银行 就 在 兴业 银行 的 旁边。
Zhōngguó Yínháng jiù zài Xīngyè Yínháng de pángbiān.

食堂　　操场　　左边
shítáng　 cāochǎng　 zuǒbian

教室　　宿舍　　右边
jiàoshì　 sùshè　 yòubian

5. 银行 从 早上 9:00 到 下午 5:00 开门。
Yínháng cóng zǎoshang jiǔ diǎn dào xiàwǔ wǔ diǎn kāi mén.

教室　　早上 7:00　　下午 6:00
jiàoshì　 zǎoshang qī diǎn　 xiàwǔ liù diǎn

食堂　　星期 一　　星期 天
shítáng　 xīngqī yī　 xīngqī tiān

三、选词 填空
Fill in the Gaps

Xiān dúlì tiánxiě dáàn,　ránhòu tīng lùyīn héshí suó xiě de dáàn shìfǒu zhèngquè。
先 独立 填写 答案，然后 听 录音 核实 所写 的 答案 是否 正确。

Fill in the answers first and listen to the recording afterwards to

check if the answers are correct.

▶ 音 频 ◀

yìzhí zǒu	cóng xīngqī yī dào xīngqī tiān	zhèlǐ méiyǒu	jǐ diǎn kāi mén	cóng	dào
一直 走	从 星期 一 到 星期 天	这里 没有	几点 开门	从	到
zěnme zǒu	zhīdào	lù gōngjiāochē	xīngqī yī	Zhōngguó Yínháng	zhōumuò	pángbiān
怎么 走	知道	1路 公交车	星期 一	中国 银行	周末	旁边

Qǐng wèn qù chāoshì
1. 请 问 去 超市（　　　　　）？

chāoshì。Nǐ yào zuò　　　　　　　，dào Xīngyè Yínháng xià chē,
2. （　　　　　　）超市。你 要 坐（　　　　），到 兴业 银行 下 车,

ránhòu yòu zhuǎn, yánzhe nà tiáo lù　　　　，zhídào kànjiàn yí gè
然后 右 转，沿着 那 条 路（　　　　），直到 看见 一 个（　　　　）。

Chāoshì jiù zài Zhōngguó Yínháng de
超市 就 在 中国 银行 的（　　　　）。

Qǐng wèn nín　　　　　chāoshì　　　　ma?
3. 请 问 您（　　　　）超市（　　　　）吗?

zǎoshang bā diǎn　　　　　xiàwǔ jiú diǎn.
4. （　　　　）早上 8:00（　　　　）下午 9:00。

Nà　　　　yě kāi mén ma?
5. 那（　　　　）也 开 门 吗?

Shì de, yìbān　　　　kāi mén.
6. 是 的，一般（　　　　）开 门。

四、听 录音，完成 以下 对话
Listen to the recording and complete the following dialogue

▶ 音 频 ◀

Qǐng wèn, shítáng zài nǎr?
1. A: 请 问，食堂 在 哪儿?

B：沿着 这 条 路 一直 走，直到 _____ 操场，_____，然后

直走 _____，食堂 就 在 你 的 _____。

2. A：请 问 去 医院 _____？

B：这里 _____ 医院。从 学校 _____ 201A 路 公交车，然后

在 李 冰 广场 公交站 _____ 到 医疗 中心。

3. A：请 问 您 知道 超市 星期 六 开 门 吗？

B：星期 六 _____。

A：那 星期 天 也 不 开 门 吗？

B：星期 天 开 门。

五、 交际 任务
Communicative Task

根据 本 课 所 学 内容 和 地图，向 你 的 同桌 介绍 怎么 从 学校 到 离堆

公园，或 怎么 从 离堆 公园 到 学校。

According to the content and map you have learnt from this lesson, explain to your deskmate how to reach Lidui Park from college or vice versa.

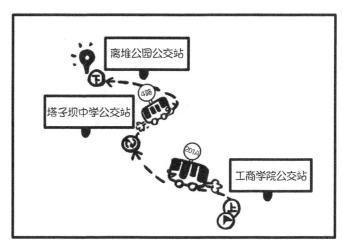

dì sān kè
第三课
Lesson Three

kuàidì
快递
The Parcel

▶ 音频 ◀

rèshēn huódòng
热身 活动 Warming-up

Tóngzhuō liǎng rén yì zǔ, tǎolùn yíxià zài nǐmen guójiā jì kuàidì de chéngxù.
同桌 两人一组，讨论一下在你们国家寄快递的 程序。

Working with your deskmate, discuss the process of sending and receiving

parcels in your country.

dì yī bùfen   kèwén
第一部分 课文
Part One Texts

课文（一）
kèwén yī
Text One

音频

（Càiniǎo yìzhàn.）
（菜鸟驿站。）

gōngzuò rényuán Ní hǎo! Yǒu shénme shì ma?
工作人员：你好！有什么事吗？

Ān Lóng Ní hǎo! Wó xiǎng jì yí gè wénjiàn dào
安龙：你好！我想寄一个文件到

Sìchuān Dàxué.
四川大学。

gōngzuò rényuán Kéyǐ. （zhǐxiàng qiángshang de èrwéimǎ） Qǐng zhíjiē sǎomiáo
工作人员：可以。（指向墙上的二维码）请直接扫描

èrwéimǎ xià dān. Zuǒbian shì Zhīfùbǎo èrwéimǎ, yòubian
二维码下单。左边是支付宝二维码，右边

shì Wēixìn èrwéimǎ. Rènhé yí gè dōu kéyǐ.
是微信二维码。任何一个都可以。

Ān Lóng Hǎo de. （sǎomiáo Wēixìn èrwéimǎ hòu） Qǐng wèn zěnme
安龙：好的。（扫描微信二维码后）请问怎么

tián ne?
填呢？

gōngzuò rényuán （ zǒudào Ān Lóng pángbiān zhǐzhe shǒujī ） Shàngmian shì
工作人员：（走到安龙旁边指着手机）上面是

shōujiànrén xìnxī, zhèlǐ xiě shōujiànrén xìngmíng, diànhuà hé
收件人信息，这里写收件人姓名、电话和

dìzhǐ děngděng. Xiàmian zhège shì jìjiànrén xìnxī, zhèlǐ
地址等等。下面这个是寄件人信息，这里

xiě jìjiànrén xìngmíng, diànhuà hé dìzhǐ děngděng.
写寄件人姓名、电话和地址等等。

Ān Lóng （ fēngzhōng hòu ） Tián hǎo le. Nín kàn duì ma?
安龙：（6分钟后）填好了。您看对吗？

工作人员：<ruby>对<rt>Duì</rt></ruby> <ruby>的<rt>de</rt></ruby>。<ruby>请<rt>Qǐng</rt></ruby> <ruby>给<rt>géi</rt></ruby> <ruby>我<rt>wǒ</rt></ruby> <ruby>一<rt>yí</rt></ruby><ruby>下<rt>xià</rt></ruby> <ruby>你<rt>nǐ</rt></ruby> <ruby>的<rt>de</rt></ruby> <ruby>文<rt>wén</rt></ruby><ruby>件<rt>jiàn</rt></ruby>，<ruby>我<rt>wǒ</rt></ruby> <ruby>需<rt>xū</rt></ruby><ruby>要<rt>yào</rt></ruby> <ruby>先<rt>xiān</rt></ruby> <ruby>检<rt>jiǎn</rt></ruby><ruby>查<rt>chá</rt></ruby>。

安龙：<ruby>好<rt>Hǎo</rt></ruby> <ruby>的<rt>de</rt></ruby>。

（<ruby>工<rt>Gōngzuò</rt></ruby><ruby>作<rt></rt></ruby><ruby>人<rt>rényuán</rt></ruby><ruby>员<rt></rt></ruby> <ruby>接<rt>jiēguò</rt></ruby><ruby>过<rt></rt></ruby> <ruby>文<rt>wénjiàn</rt></ruby><ruby>件<rt></rt></ruby>，<ruby>检<rt>jiǎnchá</rt></ruby><ruby>查<rt></rt></ruby> <ruby>后<rt>hòu</rt></ruby> <ruby>放<rt>fàng</rt></ruby> <ruby>进<rt>jìn</rt></ruby> <ruby>邮<rt>yóujìdài</rt></ruby><ruby>寄<rt></rt></ruby><ruby>袋<rt></rt></ruby>，<ruby>当<rt>dāngmiàn</rt></ruby><ruby>面<rt></rt></ruby> <ruby>封<rt>fēng</rt></ruby> <ruby>好<rt>hǎo</rt></ruby>。）

工作人员：<ruby>检<rt>Jiǎnchá</rt></ruby><ruby>查<rt></rt></ruby> <ruby>没<rt>méiyǒu</rt></ruby><ruby>有<rt></rt></ruby> <ruby>问<rt>wèntí</rt></ruby><ruby>题<rt></rt></ruby>。<ruby>请<rt>Qǐng</rt></ruby> <ruby>点<rt>diǎnjī</rt></ruby><ruby>击<rt></rt></ruby> <ruby>一<rt>yíxià</rt></ruby><ruby>下<rt></rt></ruby> "<ruby>提<rt>tíjiāo</rt></ruby><ruby>交<rt></rt></ruby>"。<ruby>谢<rt>Xièxie</rt></ruby><ruby>谢<rt></rt></ruby>！

安龙：<ruby>好<rt>Hǎo</rt></ruby> <ruby>的<rt>de</rt></ruby>。<ruby>多<rt>Duōshao</rt></ruby><ruby>少<rt></rt></ruby> <ruby>钱<rt>qián</rt></ruby>？

工作人员：12 <ruby>元<rt>yuán</rt></ruby>。

安龙：<ruby>请<rt>Qǐng</rt></ruby> <ruby>问<rt>wèn</rt></ruby> <ruby>大<rt>dàgài</rt></ruby><ruby>概<rt></rt></ruby> <ruby>什<rt>shénme</rt></ruby><ruby>么<rt></rt></ruby> <ruby>时<rt>shíhou</rt></ruby><ruby>候<rt></rt></ruby> <ruby>可<rt>kéyǐ</rt></ruby><ruby>以<rt></rt></ruby> <ruby>送<rt>sòngdào</rt></ruby><ruby>到<rt></rt></ruby>？

工作人员：<ruby>从<rt>Cóng</rt></ruby> <ruby>都<rt>Dūjiāngyàn</rt></ruby><ruby>江<rt></rt></ruby><ruby>堰<rt></rt></ruby> <ruby>到<rt>dào</rt></ruby> <ruby>成<rt>Chéngdū</rt></ruby><ruby>都<rt></rt></ruby> <ruby>很<rt>hěn</rt></ruby> <ruby>近<rt>jìn</rt></ruby>，<ruby>明<rt>míngtiān</rt></ruby><ruby>天<rt></rt></ruby> <ruby>就<rt>jiù</rt></ruby> <ruby>可<rt>kéyǐ</rt></ruby><ruby>以<rt></rt></ruby> <ruby>送<rt>sòngdào</rt></ruby><ruby>到<rt></rt></ruby>。

安龙：<ruby>好<rt>Hǎo</rt></ruby> <ruby>的<rt>de</rt></ruby>，<ruby>谢<rt>Xièxie</rt></ruby><ruby>谢<rt></rt></ruby>！

工作人员：<ruby>不<rt>bú</rt></ruby> <ruby>客<rt>kèqi</rt></ruby><ruby>气<rt></rt></ruby>！

(In Cai Niao Courier Station.)

Courier：Hello! What can I do for you?

An Long：Hello! I want to send a document to Sichuan University.

Courier：OK. (Pointing at the QR code on the wall) Please scan the QR code to make an order directly. The left one is Ali Pay QR code, and the right one is Wechat QR code. Either one is available.

An Long： OK. (After scanning the Wechat QR code) How to fill the form, please?

Courier： (Walking to An Long and pointing at the phone) The top is the recipient's information. Just fill out recipient's name, address and phone number and so on here. The following is the sender's information. Fill out sender's name, address and phone number.

An Long： (6 minutes later) I have done it. Is it right?

Courier： Yes. Please give me the document. I need to check it first.

An Long： OK.

(Courier received the document and then put it into the mail bag after inspection, and sealed it.)

Courier： It's fine. Please click "SUBMIT". Thank you.

An Long： OK. How much is the payment?

Courier： 12 Yuan.

An Long： When will it be delivered?

Courier： The document can reach Chengdu tomorrow, it's near Dujiangyan.

An Long： OK. Thank you very much for your assistance!

Courier： You are welcome!

课文 生词（一）
kèwén shēngcí yī
New Words One

1. 寄 *jì* *v.* send
2. 文件 *wénjiàn* *n.* document
3. 直接 *zhíjiē* *adj.* direct
4. 扫描 *sǎomiáo* *v.* scan
5. 二维码 *èrwéimǎ* *n.* QR code
6. 下单 *xià dān* *VO.* make an order
7. 填 *tián* *v.* fill out
8. 收件人 *shōujiànrén* *n.* recipient
9. 地址 *dìzhǐ* *n.* address
10. 寄件人 *jìjiànrén* *n.* sender
11. 检查 *jiǎnchá* *v.* check
12. 邮寄袋 *yóujìdài* *AP.* mail bag
13. 提交 *tíjiāo* *v.* submit
14. 大概 *dàgài* *adv.* about
15. 送到 *sòngdào* *VP.* to be delivered

课文（二）
kèwén èr
Text Two

（宿舍里。）
（Sùshè li.）

芳婷：李雪，这条短信是什么意思呀？
Fāng Tíng: Lǐ Xuě, zhè tiáo duǎnxìn shì shénme yìsi ya?

李雪：我看看。意思是你有一个中通
Lǐ Xuě: Wǒ kànkan. Yìsi shì nǐ yǒu yí gè Zhōngtōng

包裹到了。提醒你去菜鸟驿站取包裹。
bāoguǒ dào le. Tíxǐng nǐ qù Càiniǎo Yìzhàn qǔ bāoguǒ.

芳婷：Fāng Tíng Zhōngtōng kuàidì? Càiniǎo Yìzhàn?
芳婷：中通 快递？菜鸟 驿站？

李雪：Lǐ Xuě Zhōngtōng shì yí gè kuàidì gōngsī de míngzi. Càiniǎo Yìzhàn shì
李雪：中通是一个 快递 公司 的 名字。菜鸟 驿站 是

suǒyǒu kuàidì cúnfàng de dìfang. Zhōngtōng kuàidì gōngsī bá nǐ de
所有 快递 存放 的 地方。中通 快递 公司 把 你 的

bāoguǒ fàngzàile Càiniǎo Yìzhàn.
包裹 放 在 了 菜鸟 驿站。

芳婷：Fāng Tíng Nàme duō bāoguǒ, zěnme zhīdào nǎge shì wǒ de ne?
芳婷：那么 多 包裹，怎么 知道 哪个 是 我 的 呢？

李雪：Lǐ Xuě Bú yòng dānxīn. Měi gè bāoguǒ dōu yǒu yí gè qǔhuòmǎ. Zhège
李雪：不 用 担心。每 个 包裹 都 有 一 个 取货码。这个

jiù shì nǐ de qǔhuòmǎ. Nǐ dàole Càiniǎo
12-2-5002 就 是 你 的 取货码。你 到 了 菜鸟

Yìzhàn, qù zhǎo xiězhe de huòjià, ránhòu zài hào huòjià
驿站，去 找 写着 12 的 货架，然后 在 12 号 货架

shang dì céng zhǎo dàiyǒu hàomǎ de bāoguǒ jiù kéyǐ le.
上 第 2 层 找 带 有 5002 号码 的 包裹 就 可以 了。

芳婷：Fāng Tíng Dǒng le. Zhǎodào jiù kéyǐ zhíjiē ná zǒu ma?
芳婷：懂 了。找到 就 可以 直接 拿 走 吗？

李雪：Lǐ Xuě Bù kéyǐ. Nǐ xūyào názhe nǐ de bāoguǒ dào ménkǒu, gōngzuò
李雪：不 可以。你 需要 拿着 你 的 包裹 到 门口，工作

rényuán huì sǎomiáo bāoguǒ, sǎomiáo hòu, nǐ cái kéyǐ ná zǒu.
人员 会 扫描 包裹，扫描 后，你 才 可以 拿 走。

芳婷：Fāng Tíng Xièxie nǐ. Xiànzài wǒ dǒng le.
芳婷：谢谢 你。现在 我 懂 了。

李雪：Lǐ Xuě Bú kèqi.
李雪：不 客气。

(In the dormitory.)

Fang Ting：Li Xue, what's the meaning of this message?

Li Xue：Let me have a look. It means you have got a parcel of ZTO Express. It reminds you to pick up your parcel in Cai Niao Courier Station.

Fang Ting：ZTO Express? Cai Niao Courier Station?

Li Xue：ZTO Express is an express company. Cai Niao Courier Station is where all express deliveries are stored. ZTO Express has put your parcel in Cai Niao Courier Station.

Fang Ting：There are so many parcels. How can I know which one is mine?

Li Xue：Don't worry. Every parcel has a pickup code. 12-2-5002 is your pickup code. When you reach Cai Niao Courier Station, you can find the goods shelf No.12 and then on the second floor your parcel No. 5002 is there.

Fang Ting：I see. Can I take it away directly when I find it?

Li Xue：No. You need take your parcel to the exit, the staff will scan your parcel and then you can take it away.

Fang Ting：Now I see, Thank you.

Li Xue：You are welcome.

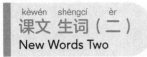

课文 生词（二）
kèwén shēngcí èr
New Words Two

▶ 音频 ◀

duǎnxìn
1. 短信 *n.* message

yìsi
2. 意思 *n.* meaning

bāoguǒ
3. 包裹　*n.* parcel

tíxǐng
4. 提醒　*v.* remind

qǔ
5. 取　*v.* take

kuàidì
6. 快递　*n.* express delivery

cúnfàng
7. 存放　*v.* store

qǔhuòmǎ
8. 取货码　*AP.* pickup code

huòjià
9. 货架　*AP.* goods shelf

céng
10. 层　*n.* floor

hàomǎ
11. 号码　*n.* number

第二部分　交际功能句
dì èr bùfen　jiāojì gōngnéngjù

Part Two　Communicative Functional Sentences

一、询问
xúnwèn

Enquiry

Ní hǎo! Yǒu shénme shì ma?
1. 你好！有 什么 事 吗？

Qǐng wèn zěnme tián ne?
2. 请 问 怎么 填 呢？

Qǐng wèn dàgài shénme shíhou kéyǐ sòngdào?
3. 请 问 大概 什么 时候 可以 送到？

Zhè tiáo duǎnxìn shì shénme yìsi ya?
4. 这 条 短信 是 什么 意思 呀？

Nàme duō bāoguǒ, zěnme zhīdào nǎge shì wǒ de ne?
5. 那么 多 包裹，怎么 知道 哪个 是 我 的 呢？

Zhǎodào jiù kéyǐ ná zǒu ma?
6. 找到 就 可以 拿 走 吗？

▶ 音频 ◀

二、解释 说明
jiěshì shuōmíng

Explanation

Qǐng zhíjiē sǎomiáo èrwéimǎ xià dān. Zuǒbian shì Zhīfùbǎo èrwéimǎ,
1. 请 直接 扫描 二维码 下单。左边 是 支付宝 二维码，

yòubian shì Wēixìn èrwéimǎ. Rènhé yí gè dōu kéyǐ.
右边 是 微信 二维码。任何 一 个 都 可以。

Shàngmian shì shōujiànrén xìnxī, zhèlǐ xiě shōujiànrén xìngmíng, diànhuà hé dìzhǐ
2. 上面 是 收件人 信息，这里 写 收件人 姓名、电话 和 地址

děngděng. Xiàmian zhège shì jìjiànrén xìnxī, zhèlǐ xiě jìjiànrén xìngmíng, diànhuà hé dìzhǐ
等等。下面 这个 是 寄件人 信息，这里 写 寄件人 姓名、电话 和 地址

děngděng.
等等。

▶ 音频 ◀

3. Cóng Dūjiāngyàn dào Chéngdū hěn jìn, míngtiān jiù kéyǐ sòngdào.
从 都江堰 到 成都 很 近，明天 就 可以 送到。

4. Yìsi shì nǐ yǒu yí gè Zhōngtōng bāoguǒ dào le. Tíxǐng nǐ qù Càiniǎo Yìzhàn qǔ bāoguǒ.
意思 是 你 有 一 个 中通 包裹 到 了。提醒 你 去 菜鸟 驿站 取 包裹。

5. Zhōngtōng shì yí gè kuàidì gōngsī de míngzi. Càiniǎo Yìzhàn shì suóyǒu kuàidì cúnfàng de dìfang.
中通 是 一 个 快递 公司 的 名字。菜鸟 驿站 是 所有 快递 存放 的 地方。

6. Měi gè bāoguǒ dōu yǒu yí gè qǔhuòmǎ. Zhège jiù shì nǐ de qǔhuòmǎ.
每 个 包裹 都 有 一 个 取货码。这个 12-2-5002 就 是 你 的 取货码。

Nǐ dàole Càiniǎo Yìzhàn, qù zhǎo xiězhe de huòjià, ránhòu zài hào huòjià shang dì céng
你 到了 菜鸟 驿站，去 找 写着 12 的 货架，然后 在 12 号 货架 上 第 2 层

zhǎo dàiyǒu hàomǎ de bāoguǒ jiù kéyǐ le.
找 带有 5002 号码 的 包裹 就 可以 了。

7. Nǐ xūyào názhe nǐ de bāoguǒ dào ménkǒu, gōngzuò rényuán huì sǎomiáo bāoguǒ, sǎomiáo hòu,
你 需要 拿着 你 的 包裹 到 门口，工作 人员 会 扫描 包裹，扫描 后，

nǐ cái kéyǐ ná zǒu.
你 才 可以 拿 走。

dì sān bùfen　　liànxí
第三部分　练习
Part Three　Exercises

fāyīn　liànxí
发音 练习
Pronunciation Practice

▶ 音频 ◀

1.
　shì　　　　shénme shì　　　　yǒu shénme shì　　　　Yǒu shénme shì ma?
　事　　　　什么事　　　　有什么事　　　　有什么事吗?

2.
　tián　　　　zěnme tián　　　　qǐng wèn zěnme tián　　　　Qǐng wèn zěnme tián ne?
　填　　　　怎么填　　　　请问怎么填　　　　请问怎么填呢?

3.
　dào　　　　sòngdào　　　　kéyǐ sòngdào　　　　shénme shíhou kéyǐ sòngdào
　到　　　　送到　　　　可以送到　　　　什么时候可以送到

Qǐng wèn dàgài shénme shíhou kéyǐ sòngdào?
请问大概什么时候可以送到?

4.
　yìsi　　　　shénme yìsi　　　　shì shénme yìsi　　　　duǎnxìn shì shénme yìsi
　意思　　　　什么意思　　　　是什么意思　　　　短信是什么意思

Zhè tiáo duǎnxìn shì shénme yìsi ya?
这条短信是什么意思呀?

5.
　bāoguǒ　　　　bāoguǒ dào le　　　　yí gè bāoguǒ dào le　　　　yǒu yí gè bāoguǒ dào le
　包裹　　　　包裹到了　　　　一个包裹到了　　　　有一个包裹到了

Ní yǒu yí gè bāoguǒ dào le.
你有一个包裹到了。

6.
　wǒ de　　　　nǎge shì wǒ de　　　　Zěnme zhīdào nǎge shì wǒ de ne?
　我的　　　　哪个是我的　　　　怎么知道哪个是我的呢?

7.
　ná　　　　ná zǒu　　　　kéyǐ ná zǒu　　　　Zhǎodào jiù kéyǐ ná zǒu ma?
　拿　　　　拿走　　　　可以拿走　　　　找到就可以拿走吗?

8.
　èrwéimǎ　　　　sǎomiáo èrwéimǎ　　　　zhíjiē sǎomiáo èrwéimǎ
　二维码　　　　扫描二维码　　　　直接扫描二维码

Zhíjiē sǎomiáo èrwéimǎ xià dān.
直接扫描二维码下单。

二、替换 词语 说 句子
tìhuàn cíyǔ shuō jùzi
Replace the words and then read the sentences

▶ 音频 ◀

1. 我 想 寄 <u>一 个 文件</u> 到 <u>四川 大学</u>。
Wó xiǎng jì yí gè wénjiàn dào Sìchuān Dàxué.

    一 个 包裹　　　成都
    yí gè bāoguǒ　　Chéngdū

    两 件 衣服　　　河内
    liǎng jiàn yīfu　Hénèi

    一 个 行李箱　　清迈
    yí gè xínglixiāng　Qīngmài

2. 请 直接 扫描 <u>支付宝</u> 二维码 下 单。
Qǐng zhíjiē sǎomiáo Zhīfùbǎo èrwéimǎ xià dān.

    微信
    Wēixìn

3. <u>上面</u> 是 <u>收件人</u> 信息，这里 写 <u>收件人</u> 姓名、电话 和 地址。
Shàngmian shì shōujiànrén xìnxī, zhèlǐ xiě shōujiànrén xìngmíng, diànhuà hé dìzhǐ.

  下　　　　　寄件人　　　　　　　　寄件人
  xià　　　　jìjiànrén　　　　　　　　jìjiànrén

4. 包裹 <u>明天</u> 就 可以 送到。
Bāoguǒ míngtiān jiù kéyǐ sòngdào.

    星期 一
    xīngqī yī

## 三、选词 填空
xuǎncí tiánkòng
Fill in the Gaps

先 独立 填写 答案，然后 听 录音 核实 所写 的 答案 是否 正确。
Xiān dúlì tiánxiě dáàn, ránhòu tīng lùyīn héshí suó xiě de dáàn shìfǒu zhèngquè.

Fill in the answers first and listen to the recording afterwards to check if the answers are right.

▶ 音频 ◀

扫描 sǎomiáo　下 xià　寄 jì　寄件人 jìjiànrén　包裹 bāoguǒ　二维码 èrwéimǎ　电话 diànhuà　怎么填 zěnme tián

收件人 信息 shōujiànrén xìnxī　什么 意思 shénme yìsi　直接 拿 走 zhíjiē ná zǒu　取 qǔ　每 个 měi gè　取货码 qǔhuòmǎ

Wó xiǎng　　　　　　　　　yí gè
1. 我 想（　　　　　　　）一 个（　　　　　　　）。

Qǐng zhíjiē　　　　　　Zhīfùbǎo　　　　　　xià dān.
2. 请 直接（　　　　　　）支付宝（　　　　　　）下 单。

Qǐng wèn　　　　　　ne?
3. A：请 问（　　　　　　）呢？

Shàngmian shì　　　　　　　　, xiě shōujiànrén xìngmíng,　　　　　hé
   B：上面 是（　　　　　　　），写 收件人 姓名、（　　　　　　）和

dìzhǐ děng.　　　　　　mian shì　　　　　xìnxī, xiě jìjiànrén
地址 等。（　　　　　　）面 是（　　　　　　）信息，写 寄件人

xìngmíng, diànhuà hé dìzhǐ děng.
姓名、电话 和 地址 等。

Zhè tiáo duǎnxìn shì　　　　　ya?
4. 这 条 短信 是（　　　　　　）呀？

Tíxǐng nǐ qù Càiniǎo Yìzhàn　　　　　bāoguǒ.
5. 提醒 你 去 菜鸟 驿站（　　　　　　）包裹。

　　　　　　bāoguǒ dōu yǒu yí gè
6. A：（　　　　　　）包裹 都 有 一 个（　　　　　　）。

Zhǎodào jiù kéyǐ　　　　　ma?
   B：找到 就 可以（　　　　　　）吗？

tīng lùyīn, wánchéng yǐxià duìhuà
四、听 录音，完成 以下 对话
Listen to the recording and complete the following dialogue

Ní hǎo! Wó xiǎng
1. A：你好！我 想＿＿＿＿＿。

Kéyǐ. Qǐng zhíjiē　　　　　　Zhīfùbǎo èrwéimǎ xià dān.
   B：可以。请 直接 ＿＿＿＿＿ 支付宝 二维码 下 单。

Shàngmian shì　　　　　xìnxī, xiě shōujiànrén　　　　　hé
上面 是＿＿＿＿＿信息，写 收件人＿＿＿＿＿和

▶ 音频 ◀

_____ děng. Xiàmiàn shì
_____等。下面 是_____

xìnxī, xiě jìjiànrén xìngmíng, diànhuà hé
信息，写 寄件人 姓名、电话 和

dìzhǐ děng.
地址 等。

2. A：Qǐng wèn dàgài shénme shíhou kéyǐ
请 问 大概 什么 时候 可以_____？

B：_____。

3. A：Qǐng wèn, zhè tiáo duǎnxìn shì shénme yìsi ya?
请 问，这 条 短信 是 什么 意思 呀？

B：Yìsi shì nǐ yǒu_____dào le.
意思 是 你 有_____到 了。

4. A：Zěnme zhīdào nǎge bāoguǒ_____ne?
怎么 知道 哪个 包裹_____呢？

B：Měi gè bāoguǒ dōu yǒu yí gè qǔhuòmǎ. Zhège jiù shì nǐ de qǔhuòmǎ.
每 个 包裹 都 有 一 个 取货码。这个 15-1-2051 就 是 你 的 取货码。

_____zhíjiē ná zǒu. Gōngzuò rényuán_____hòu, nǐ cái kéyǐ ná zǒu.
_____直接 拿 走。工作 人员_____后，你 才 可以 拿 走。

五、 jiāojì rènwu 交际 任务
Communicative Task

Gēnjù běn kè suǒ xué nèiróng, xiàng nǐ de tóngzhuō jièshào zěnme cóng xuéxiào jì yí gè xínglixiāng dào
根据 本 课 所 学 内容，向 你 的 同桌 介绍 怎么 从 学校 寄 一 个 行李箱 到

Sìchuān Dàxué.
四川 大学。

According to the content you have learnt from this lesson, teach your deskmate how to send a suitcase to Sichuan University from college.

第四课 dì sì kè
Lesson Four

看病 kàn bìng
See the Doctor

▶ 音频 ◀

热身 活动 rèshēn huódòng Warming-up

Tóngzhuō liǎng rén yì zǔ tǎolùn yíxià:
同桌 两人一组 讨论 一下:

nǐ zài Zhōngguó shēng bìng shì zěnme qǐng jià de, zài qǐng jià guòchéng zhōng yùdàole shénme kùnnan?
你在 中国 生病是 怎么 请假 的,在 请假 过程 中 遇到了 什么 困难?

Zài Zhōngguó shēng bìng le qù kàn bìng, nǐ rúhé xiàng yīshēng shuōmíng bìngqíng?
在 中国 生 病了去看病,你 如何 向 医生 说明 病情?

Work with your deskmate to discuss:

How did you ask for sick leave in China and what problems did you encounter?

How did you explain to the doctor in China?

第一部分 课文 dì yī bùfen kèwén
Part One Texts

课文（一）
kèwén　yī
Text One

（阮兰给罗老师打电话。）
（Ruǎn Lán gěi Luó lǎoshī dǎ diànhuà.）

阮兰：喂，您好！请问是罗老师吗？
Ruǎn Lán　Wèi, nín hǎo! Qǐng wèn shì Luó lǎoshī ma?

罗老师：对，是我。你是？
Luó lǎoshī　Duì, shì wǒ. Nǐ shì?

阮兰：我是您的学生阮兰，您教我"基础
汉字"课。
Ruǎn Lán　Wǒ shì nín de xuésheng Ruǎn Lán, nín jiāo wǒ "jīchǔ Hànzì" kè.

罗老师：哦，阮兰，找我有什么事儿吗？
Luó lǎoshī　Ò, Ruǎn Lán, zhǎo wǒ yǒu shénme shìr ma?

阮兰：下午您的课，我能请假吗？
Ruǎn Lán　Xiàwǔ nín de kè, wǒ néng qǐng jià ma?

罗老师：为什么要请假呢？
Luó lǎoshī　Wèi shénme yào qǐng jià ne?

阮兰：我头疼得厉害，还有点儿发烧，想去医院
看医生。
Ruǎn Lán　Wǒ tóu téng de lìhai, hái yǒu diǎnr fā shāo, xiǎng qù yīyuàn kàn yīshēng.

罗老师：可以的，你赶快去吧。看完病，回去好好
休息休息。
Luó lǎoshī　Kéyǐ de, nǐ gǎnkuài qù ba. Kànwán bìng, huíqù hǎohǎo xiūxi xiūxi.

阮兰：谢谢老师。天气凉了，老师也照顾好自己。
Ruǎn Lán　Xièxie lǎoshī. Tiānqì liáng le, lǎoshī yě zhàogù hǎo zìjǐ.

罗老师：谢谢关心！
Luó lǎoshī　Xièxie guānxīn!

(Ruan Lan called Teacher Luo.)

Ruan Lan：Hello! Is that Teacher Luo speaking?

Teacher Luo：Yes, speaking. Who is this?

Ruan Lan：I'm your student, Ruan Lan. You are my Chinese Characters teacher.

Teacher Luo：OK. Ruan Lan. How can I help you?

Ruan Lan：Can I ask for leave this afternoon?

Teacher Luo：Why?

Ruan Lan：I have a bad headache and a fever. So I want to see the doctor.

Teacher Luo：OK. I will give you sick leave. After you see the doctor, go home and have a good rest.

Ruan Lan：Thank you, teacher. The weather is becoming cold, please take care of yourself.

Teacher Luo：Thank you for your concern.

kèwén shēngcí yī
课文 生词（一）
New Words One

qǐng jià
1. 请假 *VO.* to ask for leave

tóu téng
2. 头疼 *n.* headache

lìhai
3. 厉害 *adj.* bad, severe

yǒu diǎnr
4. 有点儿 *adv.* a little

fāshāo
5. 发烧 *n.* fever

yīyuàn
6. 医院 *n.* hospital

▶ 音频 ◀

7. 医生 *n.* doctor（yīshēng）

8. 照顾 *v.* take care（zhàogù）

9. 休息 *n.* rest（xiūxi）

10. 关心 *n.* concern（guānxīn）

课文（二）
Text Two
（kèwén èr）

（校医院。）
（Xiào yīyuàn.）

▶ 音频 ◀

医生：你哪儿不舒服？
（yīshēng Nǐ nǎr bù shūfu?）

阮兰：从昨天晚上开始我头疼，还发烧。
（Ruǎn Lán Cóng zuótiān wǎnshang kāishǐ wǒ tóu téng, hái fāshāo.）

医生：除了头疼和发烧，还有其他哪儿不舒服吗？
（yīshēng Chúle tóu téng hé fāshāo, hái yǒu qítā nǎr bù shūfu ma?）

阮兰：嗓子也有点儿疼。
（Ruǎn Lán Sǎngzi yě yǒu diǎnr téng.）

医生：张嘴，啊。嗓子红肿。
（yīshēng Zhāng zuǐ, ǎ. Sǎngzi hóng zhǒng.）

阮兰：啊！严重吗，医生？
（Ruǎn Lán Ā! Yánzhòng ma, yīshēng?）

医生：别担心，不严重。我给你开点儿药。用温开水服用。一天三次，一次两片。
（yīshēng Bié dānxīn, bù yánzhòng. Wó géi nǐ kāi diǎnr yào. Yòng wēnkāishuǐ fúyòng. Yì tiān sān cì, yí cì liǎng piàn.）

阮兰：是饭前吃还是饭后吃？
（Ruǎn Lán Shì fànqián chī hái shi fànhòu chī?）

医生：饭后吃。天气冷，多喝温开水。
（yīshēng Fànhòu chī. Tiānqì lěng, duō hē wēnkāishuǐ.）

Ruǎn Lán　Hǎo de.　Xièxie yīshēng.
阮兰：好的。谢谢医生。

yīshēng　Bú yòng xiè.
医生：不用谢。

(In college health center.)

Doctor：Are you experiencing any discomfort?

Ruan Lan：I have been having a headache and fever from last night.

Doctor：Except for headache and fever, anything else?

Ruan Lan：My throat is also a little painful.

Doctor：Open your mouth. Your throat is red and swollen.

Ruan Lan：Ah. Is it serious, doctor?

Doctor：Don't worry. It is not serious. I will give you some medicine to take with warm water. Take two tablets, three times a day.

Ruan Lan：Should I take these before or after meals?

Doctor：After meals. The weather is cold. Please drink more warm water.

Ruan Lan：OK. Thank you.

Doctor：You are welcome.

kèwén shēngcí èr
课文 生词（二）
New Words Two

▶ 音频 ◀

shūfu
1. 舒服 *adj.* comfortable

kāishǐ
2. 开始 *v.* start

3. 还 *conj.* and, also

4. 嗓子 *n.* throat

5. 红 肿 *adj.* red and swollen

6. 严重 *adj.* serious

7. 担心 *v.* worry

8. 服用 *v.* take

9. 温开水 *AP.* warm water

dì èr bùfen jiāojì gōngnéngjù
第二部分 交际功能句
Part Two Communicative Functional Sentences

xúnwèn
一、询问
Enquiry

Wǒ néng qǐng jià ma?
1. 我 能 请 假 吗?

Wèi shénme yào qǐng jià ne?
2. 为什么 要 请 假 呢?

Ní nǎr bù shūfu?
3. 你 哪儿 不 舒服?

Hái yǒu qítā nǎr bù shūfu?
4. 还 有 其他 哪儿 不 舒服?

Shì fànqián chī hái shi fànhòu chī?
5. 是 饭前 吃 还是 饭后 吃?

▶ 音频 ◀

jiěshì shuōmíng
二、解释 说明
Explanation

Wǒ tóu téng de lìhai, hái yǒu diǎnr fāshāo, xiǎng qù yīyuàn kàn yīshēng.
1. 我 头 疼 得 厉害,还 有 点儿 发烧,想 去 医院 看 医生。

Cóng zuótiān wǎnshang kāishǐ wǒ tóu téng, hái fāshāo.
2. 从 昨天 晚上 开始 我 头 疼,还 发烧。

Sǎngzi yě yǒu diǎnr téng.
3. 嗓子 也 有 点儿 疼。

Yòng wēnkāishuǐ fúyòng. Yì tiān sān cì, yí cì liǎng piàn.
4. 用 温开水 服用。一 天 三 次,一 次 两 片。

▶ 音频 ◀

三、 表示 关心
biǎoshì guānxīn
Expressing Concern

▶ 音频 ◀

Kànwán bìng, huíqù hǎohǎo xiūxi.
1. 看完 病，回去 好好 休息。

Tiānqì liáng le, lǎoshī yě zhàogù hǎo zìjǐ.
2. 天气 凉 了，老师 也 照顾 好 自己。

Tiānqì lěng, duō hē wēnkāishuǐ.
3. 天气 冷，多 喝 温开水。

dì sān bùfen　liànxí

第三部分　练习

Part Three　Exercises

---

fāyīn liànxí
一、发音 练习
Pronunciation Practice

jiǎ	qǐng jià	néng qǐng jià	Wǒ néng qǐng jià ma?
1. 假	请假	能 请假	我 能 请假 吗？

shūfu	bù shūfu	nǎr bù shūfu	Nǐ nǎr bù shūfu?
2. 舒服	不 舒服	哪儿 不 舒服	你 哪儿 不 舒服？

téng	tóu téng	tóu téng de lìhai	Wǒ tóu téng de lìhai.
3. 疼	头 疼	头 疼 得 厉害	我 头 疼 得 厉害。

shāo	fāshāo	yǒu diǎnr fāshāo	Hái yǒu diǎnr fāshāo.
4. 烧	发烧	有 点儿 发烧	还 有 点儿 发烧。

yīshēng	kàn yīshēng	qù yīyuàn kàn yīshēng	Xiǎng qù yīyuàn kàn yīshēng.
5. 医生	看 医生	去 医院 看 医生	想 去 医院 看 医生。

fú	fúyòng	Yòng wēnkāishuǐ fúyòng.
6. 服	服用	用 温开水 服用。

cì	sān cì	Yì tiān sān cì.
7. 次	三 次	一 天 三 次。

piàn	liǎng piàn	Yí cì liǎng piàn.
8. 片	两 片	一 次 两 片。

xiūxi	hǎohǎo xiūxi	Huí qù hǎohǎo xiūxi.
9. 休息	好好 休息	回去 好好 休息。

shuǐ	kāishuǐ	wēnkāishuǐ	hē wēnkāishuǐ	Duō hē wēnkāishuǐ.
10. 水	开水	温开水	喝 温开水	多 喝 温开水。

▶ 音频 ◀

tìhuàn cíyǔ shuō jùzi
二、替换 词语 说 句子
Replace the words and then read the sentences

Cóng zuótiān wǎnshang kāishǐ wǒ tóu téng.
1. 从 昨天 晚上 开始 我 头疼。

zuótiān zǎoshang　　　fāshāo
昨天 早上　　　发烧

▶ 音频 ◀

jīntiān zǎoshang sǎngzi téng
今天 早上　　嗓子 疼

Yào yòng wēnkāishuǐ fúyòng. Yì tiān sān cì, yí cì liǎng piàn.
2. 药 用 温开水 服用。一天 三次，一次 两片。

yī　　　　　yī
一　　　　　一

liǎng　　　　sān
两　　　　　三

Yào fànqián chī.
3. 药 饭前 吃。

fànhòu
饭后

 三、**选词 填空**
xuǎncí tiánkòng
Filling the Gaps

Xiān dúlì tiánxiě dáàn, ránhòu tīng lùyīn héshí suó xiě de dáàn shìfǒu zhèngquè.
先 独立 填写 答案，然后 听 录音 核实 所写 的 答案 是否 正确。

Fill in the gaps first and then listen to the recording afterwards
to check if the answers are correct.

▶ 音频 ◀

kāi diǎnr yào 开 点儿 药	qǐng jià 请 假	hē 喝	kàn yīshēng 看 医生	zhàogù 照顾	wèi shénme 为 什么	háohǎo xiūxi 好好 休息
liǎng cì 两次	cóng zuótiān zǎoshang 从 昨天 早上	tóu téng 头 疼	yǒu diǎnr 有 点儿	fànhòu 饭后	qítā 其他	

Wèi, nín hǎo, Yáng lǎoshī. Wǒ néng ma?
1. 喂，您 好，杨 老师。我 能（　　　　　）吗？

yào qǐng jià ne?
2. A：（　　　　　）要 请 假 呢？

Wǒ bù shūfu, xiǎng qù yīyuàn
B：我 不 舒服，想 去 医院（　　　　　）。

Kànwán bìng, huíqù Tiānqì liáng le, hǎo zìjǐ.
3. 看完 病，回去（　　　　　）。天气 凉 了，（　　　　　）好 自己。

4.（　　　　　　）开始 我（　　　　　　）得 厉害，还（　　　　　　　　）
发烧。

5. 还有（　　　　　　　　）哪儿 不 舒服 吗?

6. 我 给 你（　　　　　　）。（　　　　　　）吃。一 天（　　　　　　　），
一 次 三 片。多（　　　　　　）温开水。

四、听 录音，完成 以下 对话
Listen to the recording and complete the following dialogue

1. A：喂，您 好，杨 老师。从 今天 早上 开始 我 头 疼，还
有 点儿 发烧，想 去 医院_____。请 问_____
____?

B：可以 的。看完 病，回去 好好 休息。

2. A：你 哪儿_____?

B：我 头 疼 得 厉害，还 有 点儿 发烧，嗓子 也_____。

3. A：我 给 你 开 点儿 药。用 温开水 服用。_____，_____。

B：好 的。谢谢 医生。

4. A：药 是 饭前 吃 还 是 饭后 吃?

B：_____。

五、
jiāojì　rènwu
交际 任务
Communicative Task

Gēnjù běn kè suǒ xué nèiróng,   xiàng nǐ   de   tóngzhuō miáoshù nǐ   shēng bìng xiàng Yáng   lǎoshī   qǐng jià
根据 本 课 所 学 内容，向 你 的 同桌 描述 你 生 病 向 杨 老师 请假

qù kàn yīshēng de   guòchéng.
去 看 医生 的 过程。

According to the content you have learnt from this lesson, describe to your deskmate the process you follow when asking for a sick leave to Teacher Yang.

<table>
<tr><td>

dì wǔ kè
第五课
Lesson Five

</td><td>

jiāotōng gōngjù
交通 工具
Transport Tools

</td></tr>
</table>

rèshēn huódòng
热身 活动 Warming-up

▶ 音频 ◀

Tóngzhuō liǎng rén yì zǔ tǎolùn yíxià:
同桌 两人一组 讨论 一下:

zài Zhōngguó rúhé kàn gōngjiāochē、 dìtiě、 dòngchē děng de zhànpái fāngxiàng?
在 中国 如何 看 公交车、地铁、动车 等 的 站牌 方向?

Nǐ shìfǒu yǒu zuò chē zuò cuò fāngxiàng de jīnglì? Hòulái zěnme chǔlǐ de?
你 是否 有 坐 车 坐 错 方向 的 经历? 后来 怎么 处理 的?

Work with your deskmate to discuss:

How to recognize the stop information and directions of a bus, subway and high-speed express in China?

Did you have any experiences that made you get on a wrong direction bus? If you had, how did you deal with it?

dì yī bùfen kèwén
第一部分 课文
Part One Texts

课文（一）
kèwén yī
Text One

(Jiàoshì li.)
（教室里。）

Fāng Tíng　Lǐ Xuě, wǒ zuótiān ké dǎoméi le!
芳婷：李雪，我昨天可倒霉了！

Lǐ Xuě　Zěnme la?
李雪：怎么啦？

Fāng Tíng　Wǒ zuótiān zuò dìtiě qù Tiānfǔ Guǎngchǎng, méi xiǎngdào fēnzhōng
芳婷：我昨天坐地铁去天府广场，没想到10分钟
hòu cái fāxiàn zuò cuò fāngxiàng le. Nǐ shuō wǒ dǎo bù dǎoméi?
后才发现坐错方向了。你说我倒不倒霉？

Lǐ Xuě　Zhè shì yīnwèi nǐ bú huì kàn zhànpái, cái zuò cuò le fāngxiàng.
李雪：这是因为你不会看站牌，才坐错了方向。

Fāng Tíng　Nà wǒ yīnggāi zěnme kàn zhànpái ne?
芳婷：那我应该怎么看站牌呢？

Lǐ Xuě　Shǒuxiān, nǐ yào zhīdào nǐ xiǎng qù de dìfang de míngzi shì
李雪：首先，你要知道你想去的地方的名字是
shénme, ránhòu zài jiǎnchá nǐ chūfā de zhànmíng dào yào dàodá
什么，然后再检查你出发的站名到要到达
de zhànmíng de fāngxiàng shì bú shì shùnzhe jiàntóu zhǐxiàng de
的站名的方向是不是顺着箭头指向的
fāngxiàng. Rúguǒ shì, jiù shuōmíng nǐ qù de fāngxiàng shì duì de,
方向。如果是，就说明你去的方向是对的，
rúguǒ bú shì, nà jiù shuōmíng nǐ qù de fāngxiàng bú duì le,
如果不是，那就说明你去的方向不对了，
Nǐ yīnggāi dào duìmiàn qù zuò chē.
你应该到对面去坐车。

Fāng Tíng　Wó dǒng le. Yòng zhè zhǒng bànfǎ wǒ yǐhòu jiù bú huì zuò cuò le.
芳婷：我懂了。用这种办法我以后就不会坐错了。

Lǐ Xuě Shì de.
李雪：是的。

Fāng Tíng Hái yǒu, Chéngdū yǒu hěn duō zhǒng jiāotōng gōngjù, bǐrú dòngchē, dìtiě, gōngjiāochē hái yǒu zìxíngchē. Wǒ chángcháng bù zhīdào gāi zuò shénme chē, zěnme bàn ne?
芳婷：还有，成都有很多种交通工具，比如动车、地铁、公交车还有自行车。我常常不知道该坐什么车，怎么办呢？

Lǐ Xuě Nǐ kéyǐ shǐyòng Gāodé Dìtú. Shūrù nǐ yào qù de dìfang de míngzi, tā jiù huì xiǎnshì nǐ yīnggāi zuò shénme chē, zài nǎr huànchéng, fēicháng fāngbiàn. Dāngrán, nǐ yě kéyǐ wèn zhōuwéi de Zhōngguó rén, zhèyàng hái kéyǐ liàn kóuyǔ ne.
李雪：你可以使用高德地图。输入你要去的地方的名字，它就会显示你应该坐什么车，在哪儿换乘，非常方便。当然，你也可以问周围的中国人，这样还可以练口语呢。

Fāng Tíng Nǐ shuō de tài duì le! Xièxie nǐ jiāo wǒ zěnme kàn zhànpái hé zěnme zuò chē.
芳婷：你说得太对了！谢谢你教我怎么看站牌和怎么坐车。

Lǐ Xuě Bú kèqì.
李雪：不客气。

(In the classroom.)

Fang Ting：Li Xue, I had a bad day yesterday!

Li Xue：What happened?

Fang Ting：I took a subway to Tianfu Square yesterday. I didn’t realize that I was sitting in the wrong direction until 10 minutes later. I had bad luck, didn’t I?

Li Xue：This is because you don’t know how to recognize the

stop information and directions, which led you to get the wrong direction.

Fang Ting：How can I recognize the stop information and directions?

Li Xue：Firstly, you should know the stop name of where you are going, and then you should check if you are following the direction of the arrow from the stop you are leaving to the stop you are arriving at. If it is, it means your direction is correct. If it is not, it means your direction is wrong. You should go to the opposite side and take that one.

Fang Ting：I see. I will not sit in a wrong direction using this way?

Li Xue：Yes.

Fang Ting：Furthermore, there are many transport tools in Chengdu, such as high-speed express, subway, bus and bike. But I don't know which one to choose. What can I do?

Li Xue：You can use AMAP. You just type your destination into it and it will show you the transport tools and how to transfer. It's very convenient. Of course, you can ask the Chinese near you and practice your speaking.

Fang Ting：You are absolutely right. Thank you for teaching me how to recognize the stop information and directions and how to choose transport tools.

Li Xue：You are welcome.

课文 生词（一）
New Words One

▶ 音频 ◀

1. 倒霉 dǎoméi *adj.* unlucky, bad luck

2. 地铁 dìtiě *n.* subway

3. 发现 fāxiàn *v.* find

4. 方向 fāngxiàng *n.* direction

5. 站牌 zhànpái *n.* stop

6. 出发 chūfā *v.* leave, start off

7. 到达 dàodá *v.* reach, arrive

8. 顺着 shùnzhe *v.* follow

9. 箭头 jiàntóu *n.* arrow

10. 交通 工具 jiāotōng gōngjù *AP.* transport tool

11. 动车 dòngchē *n.* high-speed express

12. 公交车 gōngjiāochē *n.* bus

13. 自行车 zìxíngchē *n.* bike

14. 输入 shūrù *v.* type

15. 显示 xiǎnshì *v.* show

课文（二）
Text Two

▶ 音频 ◀

（ Xuéxiào wài gōngjiāo chēzhàn. ）
（学校外公交车站。）

Ruǎn Lán　Fāng Tíng,　wǒmen zuò shénme chē qù Sìchuānshěng
阮兰：芳婷，我们坐什么车去四川省

Túshūguǎn ne?
图书馆呢？

Fāng Tíng　Wǒ zuó wǎn zài Gāodé Dìtú shang chá le. Wǒmen yào xiān cóng
芳婷：我昨晚在高德地图上查了。我们要先从

这里 坐 104 或 201A 公交车 到 都江堰 站，然后

zhèlǐ zuò huò gōngjiāochē dào Dūjiāngyàn zhàn, ránhòu

坐 动车 到 犀浦 站，再 从 犀浦 站 坐 地铁 2 号

zuò dòngchē dào Xīpǔ zhàn, zài cóng Xīpǔ zhàn zuò dìtiě hào

线 到 天府 广场 站 下车，从 北 出站口 出来，

xiàn dào Tiānfǔ Guángchǎng zhàn xià chē, cóng běi chūzhànkǒu chūlái,

走 500 米 就 到 了。

zǒu mǐ jiù dào le.

阮兰：从 这 坐 公交车 到 都江堰 站 需要 30 分钟，太 慢

Ruǎn Lán Cóng zhè zuò gōngjiāochē dào Dūjiāngyàn zhàn xūyào fēnzhōng, tài màn

了。我们 坐 出租车 怎么样？虽然 贵 得 多，但

le. Wǒmen zuò chūzūchē zěnmeyàng? Suīrán guì de duō, dàn

出租车 比 公交车 快 得 多，10 分钟 就 到 了。

chūzūchē bǐ gōngjiāochē kuài de duō, fēnzhōng jiù dào le.

芳婷：好 吧。

Fāng Tíng Hǎo ba.

（10 分钟 后，达到 都江堰 站。）

fēnzhōng hòu, dádào Dūjiāngyàn zhàn.

芳婷：阮兰，你 检查 一下 你 带 护照 了 吗？在 中国

Fāng Tíng Ruǎn Lán, nǐ jiǎnchá yíxià nǐ dài hùzhào le ma? Zài Zhōngguó

坐 动车 要 护照。

zuò dòngchē yào hùzhào.

阮兰：放心 吧，我 带 了。李雪 昨天 告诉 我 了，在

Ruǎn Lán Fàngxīn ba, Wǒ dài le. Lǐ Xuě zuótiān gàosu wǒ le, zài

中国 坐 飞机、火车 和 动车 都 需要 护照。

Zhōngguó zuò fēijī, huǒchē hé dòngchē dōu xūyào hùzhào.

（15 分钟 后，动车 上。）

fēnzhōng hòu, dòngchē shang.

芳婷：中国 的 交通 真 方便，不 同 的 交通 方式 都 是

Fāng Tíng Zhōngguó de jiāotōng zhēn fāngbiàn, bù tóng de jiāotōng fāngshì dōu shì

连接 在 一起 的。

liánjiē zài yìqǐ de.

阮兰：是的。李雪告诉我，从北出站口出来后，还
可以骑共享自行车去图书馆呢。

芳婷：那太好了。中国的交通真是又快又方便。

(At the bus stop, outside the campus.)

Ruan Lan：Fang Ting, which transport shall we take to the Sichuan Library.

Fang Ting：I searched it last night on AMAP. We should take bus No. 104 or No.201A to Dujiangyan Station, and then from Dujiangyan Station to Xipu Station by high-speed express, and from Xipu Station to Tianfu Square station by subway No.2. We can get out from North Exit and walk 500 meters to reach there.

Ruan Lan：It will take us 30 minutes from here to Duiangyan Station by bus. It is too slow. How about taking a taxi? Although it will be more expensive but much faster than taking a bus. A Taxi will take us only 10 minutes.

Ruan Lan：OK.

(10 minutes later, reaching Dujiangyan Station.)

Fang Ting：Ruan Lan, have you checked your passport? The passport is needed to take a high-speed express in China.

Ruan Lan：Don't worry. It is with me. Li Xue told me yesterday that a passport is needed whether you are taking a plane, train or high-speed express in China.

(15 minutes later, on the high-speed express)

Fang Ting：The transport in China is very convenient, various transport tools are connected together.

Ruan Lan：Yes. Li Xue told me that we can ride shared bikes to the library after getting out from North Exit.

Fang Ting：That's great. The transportation in China is really fast and convenient.

课文 生词（二）
kèwén shēngcí èr
New Words Two

1. 查 *v.* check
   chá

2. 下 车 *VO.* get off the bus/car
   xià chē

3. 出站口 *n.* exit
   chūzhànkǒu

4. 虽然 *conj.* although
   suīrán

5. 比 *conj.* than
   bǐ

6. 护照 *n.* passport
   hùzhào

7. 方便 *adj.* convenient
   fāngbiàn

8. 连接 *v.* connect
   liánjiē

9. 共享 自行车 *AP.* shared bike
   gòngxiǎng zìxíngchē

▶ 音频 ◀

第二部分　交际 功能句
dì　èr　bùfen　　jiāojì　gōngnéngjù

Part Two　Communicative Functional Sentences

一、解释 说明
jiěshì　shuōmíng
Explanation

Shǒuxiān, nǐ yào zhīdào nǐ xiǎng qù de dìfang de míngzi shì shénme, ránhòu
1. 首先，你 要 知道 你 想 去 的 地方 的 名字 是 什么，然后

zài jiǎnchá nǐ chūfā de zhànmíng dào yào dàodá de zhànmíng de fāngxiàng shì bú shì
再 检查 你 出发 的 站名 到 要 到达 的 站名 的 方向 是 不 是

shùnzhe jiàntóu zhǐxiàng de fāngxiàng. Rúguǒ shì, jiù shuōmíng nǐ qù de fāngxiàng
顺着 箭头 指向 的 方向。如果 是，就 说明 你 去 的 方向

shì duì de, rúguǒ zài hòumian, nà jiù shuōmíng nǐ qù de fāngxiàng bú duì le.
是 对 的，如果 在 后面，那 就 说明 你 去 的 方向 不 对 了。

Nǐ yīnggāi dào mǎlù duìmiàn qù zuò chē.
你 应该 到 马路 对面 去 坐 车。

Nǐ kéyǐ shǐyòng Gāodé Dìtú. Shūrù nǐ yào qù de dìfang de míngzi, tā jiù huì xiǎnshì
2. 你 可以 使用 高德 地图。输入 你 要 去 的 地方 的 名字，它 就 会 显示

nǐ yīnggāi zuò shénme chē, zài nǎr huànchéng, fēicháng fāngbiàn.
你 应该 坐 什么 车，在 哪儿 换乘，非常 方便。

▶ 音频 ◀

二、交通 工具
jiāotōng gōngjù
Transport Tools

Chéngdū yǒu hěn duō zhǒng jiāotōng gōngjù, bǐrú dòngchē, dìtiě, gōngjiāochē,
1. 成都 有 很 多 种 交通 工具，比如 动车、地铁、公交车，

hái yǒu zìxíngchē.
还 有 自行车。

Wǒmen yào xiān cóng zhèlǐ zuò huò gōngjiāochē dào Dūjiāngyàn zhàn,
2. 我们 要 先 从 这里 坐 104 或 201A 公交车 到 都江堰 站，

ránhòu zuò dòngchē dào Xīpǔ zhàn, zài cóng Xīpǔ zhàn zuò dìtiě hào xiàn dào Tiānfǔ Guángchǎng zhàn
然后 坐 动车 到 犀浦 站，再 从 犀浦 站 坐 地铁 2 号 线 到 天府 广场 站

xià chē.
下 车。

▶ 音频 ◀

Cóng běi chūzhànkǒu chūlái hòu, hái kéyǐ qí gòngxiǎng zìxíngchē qù túshūguǎn ne.
3. 从 北 出站口 出来 后， 还 可以 骑 共享 自行车 去 图书馆 呢。

kuāzàn
三、夸赞
Compliments

Nǐ shuō de tài duì le!
1. 你 说 得 太 对 了!

Zhōngguó de jiāotōng zhēn fāngbiàn.
2. 中国 的 交通 真 方便。

Zhōngguó de jiāotōng zhēn shì yòu kuài yòu fāngbiàn.
3. 中国 的 交通 真 是 又 快 又 方便。

▶ 音 频 ◀

dì sān bùfen　liànxí
第三部分　练习
Part Three　Exercises

fāyīn liànxí
一、发音练习
Pronunciation Practice

duì　　　　　tài duì le　　　　shuō de tài duì le
1. 对　　　　太对了　　　　说得太对了

▶ 音频 ◀

Nǐ shuō de tài duì le!
你说得太对了！

chē　　　　zuò chē　　　　qù zuò chē　　　　　dào mǎlù duìmiàn qù zuò chē
2. 车　　　　坐车　　　　去坐车　　　　到马路对面去坐车

yīnggāi dào mǎlù duìmiàn qù zuò chē
应该到马路对面去坐车

Nǐ yīnggāi dào mǎlù duìmiàn qù zuò chē.
你应该到马路对面去坐车。

dìtú　　　　Gāodé Dìtú　　　shǐyòng Gāodé Dìtú　　　kéyǐ shǐyòng Gāodé Dìtú
3. 地图　　　　高德地图　　　使用高德地图　　　可以使用高德地图

Nǐ kéyǐ shǐyòng Gāodé Dìtú.
你可以使用高德地图。

gōngjù　　　jiāotōng gōngjù　　hěn duō zhǒng jiāotōng gōngjù　　yǒu hěn duō zhǒng jiāotōng gōngjù
4. 工具　　　交通工具　　　很多种交通工具　　　有很多种交通工具

Chéngdū yǒu hěn duō zhǒng jiāotōng gōngjù.
成都有很多种交通工具。

bǐrú　　　　bǐrú dòngchē, dìtiě, gōngjiāochē
5. 比如　　　比如动车、地铁、公交车

Bǐrú dòngchē, dìtiě, gōngjiāochē, hái yǒu zìxíngchē.
比如动车、地铁、公交车，还有自行车。

zuò　　　　zuò dòngchē　　　zuò dòngchē dào Xīpǔ zhàn
6. 坐　　　　坐动车　　　坐动车到犀浦站

Ránhòu zuò dòngchē dào Xīpǔ zhàn.
然后坐动车到犀浦站。

7. zìxíngchē　　qí zìxíngchē　　　qí gòngxiǎng zìxíngchē
   自行车　　骑 自行车　　　骑 共享 自行车

Qí gòngxiǎng zìxíngchē qù túshūguǎn.
骑 共享 自行车 去 图书馆。

8. fāngbiàn　　yòu kuài yòu fāngbiàn　　Zhōngguó de jiāotōng yòu kuài yòu fāngbiàn
   方便　　又 快 又 方便　　中国 的 交通 又 快 又 方便

Zhōngguó de jiāotōng zhēn shì yòu kuài yòu fāngbiàn.
中国 的 交通 真 是 又 快 又 方便。

二、 tìhuàn cíyǔ shuō jùzi
替换 词语 说 句子
Replace the words and then read the sentences

1. Rúguǒ shì, jiù shuōmíng nǐ qù de fāngxiàng shì duì de.
   如果 是，就 说明 你 去 的 方向 是 对 的。

   bú shì　　　　　　　　　bú duì
   不 是　　　　　　　　　不 对

2. Chéngdū yǒu hěn duō zhǒng jiāotōng gōngjù, bǐrú dòngchē.
   成都 有 很 多 种 交通 工具，比如 动车。

▶ 音频 ◀

   dìtiě
   地铁

   gōngjiāochē
   公交车

   zìxíngchē
   自行车

   chūzūchē
   出租车

3. Wǒmen yào xiān cóng zhèlǐ zuò huò gōngjiāochē dào Dūjiāngyàn zhàn xià chē.
   我们 要 先 从 这里 坐 104 或 201A 公交车 到 都江堰 站 下 车。

   lù gōngjiāochē　　　　　　Xīpǔ zhàn
   1路 公交车　　　　　　犀浦 站

   dìtiě hào xiàn　　　　Zhōngyīdàshěngyīyuàn zhàn
   地铁 1 号 线　　　　中医大省医院 站

   dòngchē　　　　　　Tiānfǔ Guángchǎng zhàn
   动车　　　　　　天府 广场 站

^{xuǎncí tiánkòng}
三、选词 填空
Fill in the Gaps

^{Xiān dúlì tiánxiě dáàn, ránhòu tīng lùyīn héshí suó xiě de dáàn shìfǒu zhèngquè.}
先独立 填写 答案，然后 听 录音 核实 所写 的 答案 是否 正确。

Fill in the answers first and listen to the recording afterwards to

check if the answers are correct.

▶ 音 频 ◀

| ^{shùnzhe} 顺着 | ^{dìtú} 地图 | ^{zǒu} 走1200米 | ^{mǐ} | ^{fāngxiàng} 方向 | ^{zuò shénme chē} 坐 什么 车 | ^{liàn kóuyǔ} 练 口语 | ^{zěnme bàn} 怎么 办 | ^{bǐrú} 比如 |
| ^{gōngjiāochē} 公交车 | ^{ránhòu} 然后 | ^{zài} 再 | ^{hěn duō zhǒng} 很多 种 | ^{tài hǎo le} 太好了 | ^{duì de} 对的 | ^{wèn} 问 | ^{gāotiě} 高铁 |

^{Wǒmen} ^{qù Jǐnlǐ ne?}
1. 我们（　　　　　）去 锦里 呢？

^{Wǒmen yào xiān cóng Dūjiāngyàn zhàn zuò} ^{dào Xīpǔ zhàn,}
2. 我们 要 先 从 都江堰 站 坐（　　　　）到 犀浦 站，（　　　　　）

^{cóng Xīpǔ zhàn zuò dìtiě hào xiàn dào Zhōngyīdàshěngyīyuàn zhàn,}
从 犀浦 站 坐 地铁 2 号 线 到 中医大省医院 站，（　　　　　）

^{zuò dìtiě hào xiàn dào Gāoshēngqiáo zhàn xià chē, cóng chūkǒu chū zhàn,}
坐 地铁 5 号 线 到 高升桥 站 下 车，从 D 出口 出 站，（　　　　　）

^{jiù dào le.}
就 到 了。

^{Nà zhēn shì ! Zhōngguó de jiāotōng zhēn shì yòu kuài yòu fāngbiàn.}
3. 那 真 是（　　　　　）！ 中国 的 交通 真 是 又 快 又 方便。

^{Nǐ yào kàn cóng nǐ chūfā de zhànmíng dào yào dàodá de zhànmíng de fāngxiàng shì bu shì}
4. 你 要 看 从 你 出发 的 站名 到 要 到达 的 站名 的 方向 是 不 是

^{jiàntóu zhǐxiàng de . Rúguǒ shì, jiù shuōmíng nǐ qù}
（　　　　　）箭头 指向 的（　　　　　）。如果 是，就 说明 你 去

^{de fāngxiàng shì}
的 方向 是（　　　　　）。

^{Chéngdū yǒu jiāotōng gōngjù dòngchē, dìtiě,}
5. 成都 有（　　　　　）交通 工具，（　　　　　）动车、地铁、

^{, hái yǒu zìxíngchē.}
（　　　　　），还 有 自行车。

Wǒ chángcháng bù zhīdào gāi zuò shénme chē,   ne?
6. 我 常常 不知道 该 坐 什么 车，（   ）呢？

Nǐ kěyǐ shǐyòng Gāodé   , yě kěyǐ   zhōuwéi de
7. 你 可以 使用 高德（   ），也 可以（   ）周围 的

Zhōngguó rén, zhèyàng hái kěyǐ   ne.
中国 人，这样 还 可以（   ）呢。

---

tīng lùyīn, wánchéng yǐxià duìhuà
四、听 录音，完成 以下 对话
Listen to the recording and complete the following dialogue

Chéngdū yǒu hěn duō zhǒng jiāotōng gōngjù, bǐrú dòngchē, dìtiě, gōngjiāochē
1. A：成都 有 很 多 种 交通 工具，比如 动车、地铁、公交车

                                    . Wǒ chángcháng   gāi zuò shénme chē,
_____。我 常常_____该 坐 什么 车，

zěnme bàn ne?
怎么 办 呢？

Nǐ kěyǐ shǐyòng Gāodé Dìtú. Nǐ yě kěyǐ   , zhèyàng hái kěyǐ liàn
B：你 可以 使用 高德 地图。你 也 可以_____，这样 还 可以 练

kóuyǔ.
口语。

Wǒmen zuò shénme chē qù Tiānfǔ Guángchǎng ne?
2. A：我们 坐 什么 车 去 天府 广场 呢？

Wǒmen yào xiān cóng Dūjiāngyàn zhàn zuò   dào Xīpǔ zhàn, ránhòu cóng Xīpǔ zhàn
B：我们 要 先 从 都江堰 站 坐_____到 犀浦 站，然后 从 犀浦 站

zuò   dào Tiānfǔ Guángchǎng zhàn xià chē.
坐_____到 天府 广场 站 下 车。

Zhōngguó bù tóng de jiāotōng fāngshì dōu shì liánjiē zài yìqǐ de.
3. A：中国 不同 的 交通 方式 都 是 连接 在 一起 的。

Shì de. Zhōngguó de jiāotōng zhēn shì   .
B：是 的。中国 的 交通 真 是_____。

Gēnjù běn kè suǒ xué nèiróng, xiàng nǐ de tóngzhuō jièshào zěnyàng cóng Dūjiāngyàn zhàn dào Chūnxīlù
根据 本 课 所 学 内容，向 你 的 同桌 介绍 怎样 从 都江堰 站 到 春熙路

dìtiězhàn.
地铁站。

According to the content you have learnt from this lesson, explain to your deskmate how to reach Chunxi Road Station from Dujiangyan Station.

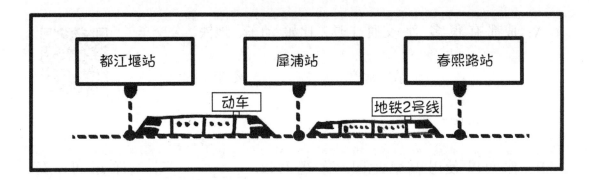

dì liù kè
第六课
Lesson Six

zài yínháng
在 银行
In the Bank

音频

rèshēn huódòng
热身 活动 Warming-up

Tóngzhuō liǎng rén yì zǔ tǎolùn yíxià: nǐ duìhuàn rénmínbì shí yùdào guo kùnnan ma?
同桌 两人一组讨论一下：你 兑换 人民币 时 遇到 过 困难 吗？

Working with your deskmate, discuss your experience of exchanging RMB.

During the process, have you met any problems?

dì yī bùfen kèwén
第 一 部分 课文
Part One   Texts

kèwén　yī
课文（一）
Text One

（ Jiāotōng Yínháng　yíngyètīng. ）
（交通银行营业厅。）

营业员：yíngyèyuán　Nín hǎo! Qǐng wèn nín yào bànlǐ shénme yèwù?
营业员：您好！请问您要办理什么业务？

Fāng Tíng　Wó xiǎng bàn yì zhāng chǔxùkǎ.
芳婷：我想办一张储蓄卡。

yíngyèyuán　Hǎo de. Qǐng bǎ nín de hùzhào hé xuéxiào zàidú zhèngmíng géi wǒ.
营业员：好的。请把您的护照和学校在读证明给我。

Fāng Tíng　Gěi.　Bù xūyào tián shēnqǐngbiǎo ma?
芳婷：给。不需要填申请表吗？

yíngyèyuán　Xūyào de.　Wǒmen xiànzài dōu shì zài zhè tái zìzhù fúwùjī
营业员：需要的。我们现在都是在这台自助服务机

shang tiánxiě shēnqǐngbiǎo. Qǐng gēnjù tíshì shūrù nín de jīběn
上 填写申请表。请根据提示输入您的基本

xìnxī.
信息。

Fāng Tíng　Hǎo de.
芳婷：好的。

yíngyèyuán　Qǐng miànduì shèxiàngtóu,　quèrèn shì běnrén.
营业员：请面对摄像头，确认是本人。

Fāng Tíng　Hǎo de.
芳婷：好的。

yíngyèyuán　Qǐng zài zhèlǐ gěi nín de yínhángkǎ shèzhì yí gè　wèi shù mìmǎ.
营业员：请在这里给您的银行卡设置一个6位数密码。

Fāng Tíng　Zhè shì zài cì quèrèn mìmǎ de yìsi ma?
芳婷：这是再次确认密码的意思吗？

yíngyèyuán　Shì de.　Qǐng nín zài zhè qiān yíxià zì, zài cì quèrèn.
营业员：是的。请您在这签一下字，再次确认。

Fāng Tíng　Hǎo de.
芳婷：好的。

营业员：<ruby>这<rt>Zhè</rt></ruby> <ruby>是<rt>shì</rt></ruby> <ruby>您<rt>nín</rt></ruby> <ruby>的<rt>de</rt></ruby> <ruby>银行卡<rt>yínhángkǎ</rt></ruby>，<ruby>请<rt>qǐng</rt></ruby> <ruby>拿<rt>ná</rt></ruby> <ruby>好<rt>hǎo</rt></ruby>。<ruby>您<rt>Nín</rt></ruby> <ruby>可以<rt>kéyǐ</rt></ruby> <ruby>使用<rt>shǐyòng</rt></ruby> <ruby>您<rt>nín</rt></ruby>

<ruby>的<rt>de</rt></ruby> <ruby>银行卡<rt>yínhángkǎ</rt></ruby> <ruby>在<rt>zài</rt></ruby> ATM<ruby>机<rt>jī</rt></ruby> <ruby>和<rt>hé</rt></ruby> <ruby>银行<rt>yínháng</rt></ruby> <ruby>柜台<rt>guìtái</rt></ruby> <ruby>存<rt>cún</rt></ruby> <ruby>取<rt>qǔ</rt></ruby>

<ruby>人民币<rt>rénmínbì</rt></ruby>。

芳婷：<ruby>好的<rt>Hǎo de</rt></ruby>。<ruby>谢谢<rt>Xièxie</rt></ruby>!

(In the service hall of Bank of Communications.)

Staff：Hello! What can I do for you?

Fang Ting：I'd like to apply for a saving card.

Staff：OK, I see. Please give me your passport and studying certificate.

Fang Ting：Here you are. Should I fill out the application form?

Staff：Yes. You need fill out the application form on the automatic service machine now. Please input your basic information according to the hints.

Fang Ting：OK.

Staff：Please face the camera and make a confirmation.

Fang Ting：OK.

Staff：Please set a six-digit password for your saving card.

Fang Ting：Does this one mean that I should reconfirm my password?

Staff：Yes. Please sign here to reconfirm it.

Fang Ting：OK.

Staff：This is your saving card. Please keep it. You can use it both on ATM and bank counter to withdraw and save money.

Fang Ting：OK. Thank you!

课文 生词（一）
kèwén shēngcí yī
New Words One

▶ 音频 ◀

1. 办理 *v.* transact
bànlǐ

2. 业务 *n.* business
yèwù

3. 储蓄卡 *n.* saving card
chǔxùkǎ

4. 证明 *n.* certificate
zhèngmíng

5. 申请表 *n.* application form
shēnqǐngbiǎo

6. 自助 服务机 *AP.* self-service machine
zìzhù fúwùjī

7. 服务机 *n.* service machine
fúwùjī

8. 输入 *v.* input
shūrù

9. 基本 *adj.* basic
jīběn

10. 摄像头 *n.* camera
shèxiàngtóu

11. 确认 *v.* confirm
quèrèn

12. 本人 *pron.* oneself
běnrén

13. 设置 *v.* set
shèzhì

14. 密码 *n.* password
mìmǎ

课文（二）
kèwén èr
Text Two

（交通银行营业厅。）
（Jiāotōng Yínháng yíngyètīng.）

▶ 音频 ◀

营业员：您好！请问您要办理什么业务？
yíngyèyuán Nín hǎo! Qǐng wèn nín yào bànlǐ shénme yèwù?

芳婷：您好！我想把泰铢换成
Fāng Tíng Nín hǎo! Wǒ xiǎng bǎ Tàizhū huànchéng

Rénmínbì.
人民币。

营业员：
yíngyèyuán
Huàn duōshao?
换多少？

芳 婷：
Fāng Tíng
Tàizhū.
3000 泰铢。

营业员：
yíngyèyuán
Qǐng géi wǒ kàn yíxià nín de hùzhào.
请给我看一下您的护照。

芳 婷：
Fāng Tíng
Hǎo de. Gěi nín.
好的。给您。

营业员：
yíngyèyuán
Qǐng nín tián yíxià zhè zhāng wàihuì duìhuàndān.
请您填一下这张外汇兑换单。

芳 婷：
Fāng Tíng
Kéyǐ yòng Tàiyǔ xiě ma?
可以用泰语写吗？

营业员：
yíngyèyuán
Duìbuqǐ, wǒmen zhèlǐ méiyǒu dǒng Tàiyǔ de gōngzuò rényuán,
对不起，我们这里没有懂泰语的工作人员，

jiànyì nín yòng Zhōngwén huò Yīngwén xiě.
建议您用中文或英文写。

芳 婷：
Fāng Tíng
Nín kàn zhèyàng xiě kéyǐ ma?
您看这样写可以吗？

营业员：
yíngyèyuán
Kéyǐ.
可以。

芳 婷：
Fāng Tíng
Qǐng wèn jīntiān Tàizhū de páijià shì duōshao?
请问今天泰铢的牌价是多少？

营业员：
yíngyèyuán
bǐ , jiù shì Tàizhū kéyǐ huàn yuán
1 比 0.1884，就是 1 泰铢可以换 0.1884 元

Rénmínbì. Qǐng bǎ Tàizhū géi wǒ.
人民币。请把泰铢给我。

芳 婷：
Fāng Tíng
Gěi nín.
给您。

营业员：
yíngyèyuán
Nín de Tàizhū kéyǐ huànchéng yuán Rénmínbì. Qǐng
您的 3000 泰铢可以换成 565.2 元人民币。请

数 _{shǔ} 一下 _{yíxià}。

芳婷 _{Fāng Tíng}：没错 _{Méicuò}。谢谢 _{Xièxie}。

(In the service hall of Bank of Communications.)

Staff：Hello! What can I do for you?

Fang Ting：Hello! I want to change the Thai Baht to RMB.

Staff：How much do you want to exchange?

Fang Ting：3000 Thai Baht.

Staff：Please show me your passport.

Fang Ting：OK. Here you are.

Staff：Please fill in this exchange memo.

Fang Ting：Can I fill it using the Thai language?

Staff：Sorry. There is no staff member who can read Thai language. I suggest you fill in it in Chinese or English.

Fang Ting：Is it right to fill in like this?

Staff：Yes, it is.

Fang Ting：What's the exchange rate today?

Staff：1 to 0.1884, it means one Thai Baht can exchange 0.1884 RMB. Please give me your Thai Baht.

Fang Ting：Here you are.

Staff：3000 Thai Baht can exchange to 565.2 RMB. Please count.

Fang Ting：It's correct. Thank you.

课文 生词（二）
New Words Two

1. 外汇 *n.* foreign exchange

2. 兑换单 *AP.* exchange memo.

3. 单 *n.* memo

4. 建议 *v.* suggest

5. 牌价 *n.* exchange rate

6. 数 *v.* count

► 音频 ◄

第二部分 交际 功能句
dì èr bùfen　jiāojì　gōngnéngjù

Part Two　Communicative Functional Sentences

一、询问
xúnwèn
Enquiry

1. 请 问 需要 办理 什么 业务？
Qǐng wèn xūyào bànlǐ shénme yèwù?

2. 不 需要 填 申请表 吗？
Bù xūyào tián shēnqǐngbiǎo ma?

3. 这 是 再次 确认 密码 的 意思 吗？
Zhè shì zài cì quèrèn mìmǎ de yìsi ma?

4. 可以 用 泰语 写 吗？
Kéyǐ yòng Tàiyǔ xiě ma?

5. 请 问 今天 泰铢 的 牌价 是 多少？
Qǐng wèn jīntiān Tàizhū de páijià shì duōshao?

▶ 音 频 ◀

二、要求
yāoqiú
Requirement

1. 请 把 您 的 护照 和 学校 在读 证明 给我。
Qǐng bǎ nín de hùzhào hé xuéxiào zàidú zhèngmíng géi wǒ.

2. 请 根据 提示 输入 您 的 基本 信息。
Qǐng gēnjù tíshì shūrù nín de jīběn xìnxī.

3. 请 面对 摄像头，确认 是 本人。
Qǐng miànduì shèxiàngtóu, quèrèn shì běnrén.

4. 请 在 这里 给 您 的 银行卡 设置 一 个 6 位 数 密码。
Qǐng zài zhèlǐ gěi nín de yínhángkǎ shèzhì yí gè wèi shù mìmǎ.

5. 请 您 在 这 再 签 一下 字，再次 确认。
Qǐng nín zài zhè zài qiān yíxià zì, zài cì quèrèn.

6. 请 给 我 看 一下 您 的 护照。
Qǐng géi wǒ kàn yíxià nín de hùzhào.

7. 请 您 填 一下 这 张 外汇 兑换单。
Qǐng nín tián yíxià zhè zhāng wàihuì duìhuàndān.

▶ 音 频 ◀

dì sān bùfen   liànxí
第三部分 练习
Part Three Exercises

fāyīn liànxí
一、**发音 练习**
Pronunciation Practice

　　yèwù　　　shénme yèwù　　　bànlǐ shénme yèwù　　　xūyào bànlǐ shénme yèwù
1. 业务　　什么业务　　办理 什么业务　　需要 办理 什么业务

　　Qǐng wèn xūyào bànlǐ shénme yèwù?
请 问 需要 办理 什么 业务？

　　mìmǎ　　　 quèrèn mìmǎ　　　 quèrèn mìmǎ de yìsi
2. 密码　　确认 密码　　确认 密码 的 意思

　　Zài cì quèrèn mìmǎ de yìsi.
再 次 确认 密码 的 意思。

　　Tàiyǔ　　　yòng Tàiyǔ　　　yòng Tàiyǔ xiě
3. 泰语　　用 泰语　　用 泰语 写

　　Kéyǐ yòng Tàiyǔ xiě ma?
可以 用 泰语 写 吗？

　　duōshao　　　shì duōshao　　　páijià shì duōshao　　　Tàizhū de páijià shì duōshao
4. 多少　　是 多少　　牌价 是 多少　　泰铢 的 牌价 是 多少

　jīntiān Tàizhū de páijià shì duōshao
今天 泰铢 的 牌价 是 多少

　Qǐng wèn jīntiān Tàizhū de páijià shì duōshao?
请 问 今天 泰铢 的 牌价 是 多少？

　gěi　　　géi wǒ　　　hùzhào géi wǒ　　　hùzhào hé xuéxiào zàidú zhèngmíng géi wǒ
5. 给　　给 我　　护照 给 我　　护照 和 学校 在读 证明 给 我

　nín de hùzhào hé xuéxiào zàidú zhèngmíng géi wǒ
您 的 护照 和 学校 在读 证明 给 我

　Qǐng bǎ nín de hùzhào hé xuéxiào zàidú zhèngmíng géi wǒ.
请 把 您 的 护照 和 学校 在读 证明 给 我。

　qiān zì　　　qiān yíxià zì　　　zài qiān yíxià zì　　　zài zhè zài qiān yíxià zì
6. 签字　　签 一下 字　　再 签 一下 字　　在 这 再 签 一下 字

　Qǐng nín zài zhè zài qiān yíxià zì.
请 您 在 这 再 签 一下 字。

7.
kàn yíxià   kàn yíxià hùzhào   kàn yíxià nín de hùzhào
看一下   看一下护照   看一下您的护照

Qǐng géi wǒ kàn yíxià nín de hùzhào.
请给我看一下您的护照。

8.
tián   tián yíxià   tián yíxià duìhuàndān   tián yíxià wàihuì duìhuàndān
填   填一下   填一下兑换单   填一下外汇兑换单

Qǐng nín tián yíxià zhè zhāng wàihuì duìhuàndān.
请您填一下这张外汇兑换单。

二、 替换 词语 说 句子
tìhuàn cíyǔ shuō jùzi
Replace the words and then read the sentences

1.
Zhè shì zài cì quèrèn mìmǎ de yìsi ma?
这是<u>再次确认密码</u>的意思吗?

▶ 音频 ◀

    ní hǎo
    你好

    zàijiàn
    再见

    kéyǐ
    可以

    bú yòng
    不用

2.
Kéyǐ yòng Tàiyǔ xiě ma?
可以用<u>泰语</u>写吗?

    Zhōngwén
    中文

    Yīngyǔ
    英语

    Yuènányǔ
    越南语

    Bōsīyǔ
    波斯语

3.
Qǐng wèn jīntiān Tàizhū de páijià shì duōshao?
请问今天<u>泰铢</u>的牌价是多少?

    Rénmínbì
    人民币

Měiyuán
美元

Yīngbàng
英镑

Suǒmòní
索莫尼

Yuènándùn
越南盾

Qǐng bǎ nín de hùzhào gěi wǒ.
4. 请把您的护照给我。

xuéxiào zàidú zhèngmíng
学校 在读 证明

piào
票

qián
钱

xuǎncí tiánkòng
选词 填空
Fill in the Gaps

Xiān dúlì tiánxiě dáàn, ránhòu tīng lùyīn héshí suó xiě de dáàn shìfǒu zhèngquè.
先独立 填写 答案，然后 听 录音 核实 所写 的 答案 是否 正确。

Fill in the answers first and listen to the recording afterwards to

check if the answers are right.

▶ 音 频 ◀

| mìmǎ
密码 | xuéxiào zàidú zhèngmíng
学校 在读 证明 | wàihuì duìhuàndān
外汇 兑换单 | bàn
办 | quèrèn
确认 |
| chǔxùkǎ
储蓄卡 | tiánxiě
填写 | huò
或 | jīběn xìnxī
基本 信息 | Rénmínbì
人民币 |

Nín hǎo! Wó xiǎng   yì zhāng
1. A：您好！我想（   ）一张（   ）。

Hǎo de. Qǐng bǎ nín de hùzhào hé   gěi wǒ.
B：好的。请把您的护照和（   ）给我。

2. 请 在 这 台 自助 服务机 上（　　　　　　　　）申请表。请 根据 提示 输入 您
（Qǐng zài zhè tái zìzhù fúwùjī shang shēnqǐngbiǎo. Qǐng gēnjù tíshì shūrù nín）

的（　　　　　　）。
（de）

3. 请 面对 摄像头，（　　　　　　）是 本人。
（Qǐng miànduì shèxiàngtóu, shì běnrén.）

4. 请 在 这里 给 您 的 银行卡 设置 一 个 6 位 数（　　　　　　）。
（Qǐng zài zhèlǐ gěi nín de yínhángkǎ shèzhì yí gè wèi shù）

5. 我 想 把 泰铢 换成（　　　　　　）。
（Wó xiǎng bǎ Tàizhū huànchéng）

6. 请 您 填 一下 这 张（　　　　　　）。建议 您 用 中文（　　　　　　）
（Qǐng nín tián yíxià zhè zhāng. Jiànyì nín yòng Zhōngwén）

英文 写。
（Yīngwén xiě.）

四、听 录音，完成 以下 对话
（tīng lùyīn, wánchéng yíxià duìhuà）
Listen to the recording and complete the following dialogue

1. A：您好！请 问 需要 办理 什么 业务？
（Nín hǎo! Qǐng wèn xūyào bànlǐ shénme yèwù?）

B：＿＿＿＿＿＿一 张 储蓄卡。这 是＿＿＿＿＿＿和 学校
（yì zhāng chǔxùkǎ. Zhè shì hé xuéxiào）

在读 证明。
（zàidú zhèngmíng.）

▶ 音 频 ◀

2. A：请 在 这 台 自助 服务机 上＿＿＿＿＿＿。
（Qǐng zài zhè tái zìzhù fúwùjī shang）

B：好 的。
（Hǎo de.）

3. A：这 是＿＿＿＿＿＿的 意思 吗？
（Zhè shì de yìsi ma?）

B：是 的。请 您 在 这 再 签 一下 字。
（Shì de. Qǐng nín zài zhè zài qiān yíxià zì.）

4. A：您好！我 想 把 泰铢 换成 人民币。
（Nín hǎo! Wó xiǎng bǎ Tàizhū huànchéng Rénmínbì.）

B：＿＿＿＿＿＿？

A：5000 泰铢。
Tàizhū.

5. A：＿＿＿＿＿＿？

B：对不起，我们 这里 没有 懂 泰语 的 工作 人员，建议 您＿＿＿＿＿＿。
Duìbuqǐ, wǒmen zhèlǐ méiyǒu dǒng Tàiyǔ de gōngzuò rényuán, jiànyì nín

五、交际 任务
Communicative Task
jiāojì rènwu

根据 本 课 所 学 内容，向 你 的 同桌 介绍 在 银行 办理 储蓄卡 和 换汇 的
Gēnjù běn kè suǒ xué nèiróng, xiàng nǐ de tóngzhuō jièshào zài yínháng bànlǐ chǔxùkǎ hé huànhuì de

程序。
chéngxù.

According to the content you have learnt from this lesson, explain to your deskmate the process of applying for a saving card and exchanging money.

dì qī kè
第七课
Lesson Seven

gòuwù
购物
Go Shopping

▶ 音频 ◀

rèshēn huódòng
热身 活动 Warming-up

Tóngzhuō liǎng rén yì zǔ tǎolùn yíxià: zài gòuwù de shíhou, nǐ xǐhuan
同桌 两人一组 讨论 一下：在 购物 的 时候，你 喜欢

yòng shénme fāngshì zhīfù, wèi shénme.
用 什么 方式 支付，为 什么。

Working with your deskmate, discuss which payment way you like when you

are shopping and explain the reason.

dì yī bùfen kèwén
第一部分 课文
Part One Texts

课文（一）
Text One

（ Shuǐguǒ diàn. ）
（水果 店。）

fúwùyuán　　Tóngxué,　　nǐ　yào　mǎi　diǎnr　shénme?
服务员：同学，你 要 买 点儿 什么？

▶ 音频 ◀

Ruǎn Lán　　Wǒ　yào　zhè　chuàn　pútao　hé　nà　ge　píngguǒ,
阮 兰：我 要 这 串 葡萄 和 那 个 苹果，

duōshao qián?
多少 钱？

fúwùyuán　　Shí　kuài　wǔ.
服务员：十 块 五。

Ruǎn Lán　　Wā,　sì　kuài　wǔ,　nàme　piányi!
阮 兰：哇，四 块 五，那么 便宜！

fúwùyuán　　Bú　shì　sì　kuài　wǔ,　shì　shí　kuài　wǔ.
服务员：不 是 四 块 五，是 十 块 五。

Ruǎn Lán　　Ò,　　duìbuqǐ.
阮 兰：哦，对不起。

fúwùyuán　　Méishì.　Hái　yào　bié　de　ma?
服务员：没事。还 要 别 的 吗？

Ruǎn Lán　　Wǒ　zài　yào　sān　gēn　xiāngjiāo.
阮 兰：我 再 要 三 根 香蕉。

fúwùyuán　　Hǎo　de.
服务员：好 的。

Ruǎn Lán　　Yígòng　duōshao qián?
阮 兰：一共 多少 钱？

fúwùyuán　　Shíwǔ　kuài　wǔ.
服务员：十五 块 五。

Ruǎn Lán　　Wǒ　mǎi　nàme　duō,　néng　piányi　diǎnr　ma?
阮 兰：我 买 那么 多，能 便宜 点儿 吗？

服务员：<ruby>那<rt>Nà</rt></ruby> <ruby>十五<rt>shíwǔ</rt></ruby> <ruby>块<rt>kuài</rt></ruby> <ruby>吧<rt>ba</rt></ruby>。<ruby>不能<rt>Bù néng</rt></ruby> <ruby>再<rt>zài</rt></ruby> <ruby>少<rt>shǎo</rt></ruby> <ruby>了<rt>le</rt></ruby>。

阮兰：<ruby>好 的<rt>Hǎo de,</rt></ruby>，<ruby>谢谢<rt>xièxie.</rt></ruby>。<ruby>现金<rt>Xiànjīn,</rt></ruby>、<ruby>支付宝<rt>Zhīfùbǎo</rt></ruby> <ruby>还 是<rt>hái shi</rt></ruby> <ruby>微信<rt>Wēixìn</rt></ruby> <ruby>支付<rt>zhīfù?</rt></ruby>？

服务员：<ruby>都<rt>Dōu</rt></ruby> <ruby>可以<rt>kéyǐ.</rt></ruby>。

阮兰：<ruby>好 的<rt>Hǎo de.</rt></ruby>。

(In the fruit shop.)

Staff：Classmate, what do you want to buy?

Ruan Lan：I want these grapes and that apple. How much in total?

Staff：10.5 yuan.

Ruan Lan：Wow. Only 4.5 yuan, it's so cheap.

Staff：It's not 4.5 yuan but 10.5 yuan.

Ruan Lan：Sorry.

Staff：It doesn't matter. Anything else?

Ruan Lan：I want three more bananas.

Staff：OK.

Ruan Lan：How much in total?

Staff：15.5 yuan.

Ruan Lan：Can you give me a little discount if I bought so many?

Staff：15 yuan. I can't take less.

Ruan Lan：OK, thank you. Cash, Alipay or Wechat?

Staff：Any is available.

Ruan Lan：OK.

课文 生词（一）
kèwén shēngcí yī

New Words One

▶ 音频 ◀

1. 买 *v.* buy
mǎi

2. 要 *v.* want
yào

3. 便宜 *adj.* cheap
piányi

4. 别的 *adj.* other
bié de

5. 一共 *adj.* in total
yígòng

6. 支付 *v.* pay
zhīfù

课文（二）
kèwén èr

Text Two

（教室里。）
(jiàoshì li.)

▶ 音频 ◀

安龙：学校离市区有点儿远。你每次
Ān Lóng　Xuéxiào lí shìqū yǒu diǎnr yuǎn. Nǐ měi cì

怎么去市区？
zěnme qù shìqū?

芳婷：我一般坐出租车去。你呢？
Fāng Tíng　Wǒ yìbān zuò chūzūchē qù. Nǐ ne?

安龙：我原来也常常打出租车，可是我觉得
Ān Lóng　Wǒ yuánlái yě chángcháng dǎ chūzūchē, kěshì wǒ juéde

打出租车太贵了。现在我一般都使用
dǎ chūzūchē tài guì le. Xiànzài wǒ yìbān dōu shǐyòng

滴滴打车。
Dīdīdǎchē.

芳婷：没错。我也觉得每次打车有点儿贵。我想
Fāng Tíng　Méicuò. Wó yě juéde měi cì dǎ chē yǒu diǎnr guì. Wǒ xiǎng

买一辆自行车，以后可以骑车去，还可以骑
mǎi yí liàng zìxíngchē, yǐhòu kéyǐ qí chē qù, hái kéyǐ qí

chē shàng xué.
车上学。

安龙：新车比较贵，最好买旧的，旧的比较便宜。

芳婷：你说的旧的就是二手自行车吧？

安龙：对的。我要是你，为了省钱，就买二手的，
一两百就可以买到一辆很好的。

芳婷：是吗？可是在哪儿能买二手自行车呢？

安龙：你可以去二手商品市场看看，或者在网上也
可以。闲鱼就是一个非常受欢迎的二手商品
交易平台。

芳婷：可以啊。

安龙：那我们放学回去就在闲鱼上找一找，看看
有没有合适的。

芳婷：好的。

(In the classroom.)

An Long：It's a little far from school to downtown. How do you get to downtown every time?

Fang Ting：I usually go to downtown by taxi. How about you?

An Long：I used to take a taxi to downtown, but I thought it's too expensive. Now I usually use DIDI app.

Fang Ting：Exactly. It's a little expensive by taxi every time. I want to buy a bike that I can ride to downtown or go to school.

An Long：A new bike is more expensive than an old one. You had better buy an old one. The old one is cheaper compared with a new one.

Fang Ting：The old one is second-hand bike, isn't it?

An Long：Yes. If I were you, to save money, I would buy the second-hand one. You can get a very good one only spending one or two hundred yuan.

Fang Ting：Really? But where can I buy a second-hand bike?

An Long：You can buy it from second-hand goods market or online. Xianyu is a very popular online second-hand transaction platform.

Fang Ting：Cool.

An Long：We can search it on Xianyu after school to see if there is anything available.

Fang Ting：OK.

课文 生词（二）
kèwén shēngcí èr
New Words Two

1. 原来 *adv.* formerly
yuánlái

2. 常常 *adv.* usually
chángcháng

► 音频 ◄

3. 打车 *VO.* take taxi

4. 使用 *v.* use

5. 比较 *adv.* relatively

6. 二手 *adj.* second-hand

7. 自行车 *n.* bike

8. 商品 *n.* goods

9. 市场 *n.* market

10. 非常 *adv.* very

11. 平台 *n.* platform

12. 合适 *adj.* suitable, available

第二部分　交际 功能句

Part Two　Communicative Functional Sentences

一、**问 价格**
Asking for the Price

1. 我要这 串 葡萄 和 那 个 苹果，多少 钱？

2. 一共 多少 钱？

▶ 音频 ◀

二、**建议**
Proposal

1. 新 车 比较 贵，最好 买 旧 的，旧 的 比较 便宜。

2. 你 可以 去 二手 商品 市场 看看，或者 在 网上 也 可以。

3. 那 我们 放 学 回去 就 在 闲鱼 上 找 一 找，看看 有 没 有 合适 的。

三、**说明**
Explanation

1. 我 原来 也 常常 打 出租车，可是 我 觉得 打 出租车 太 贵 了，现在 我 一般 都 使用 滴滴打车。

2. 闲鱼 就 是 一 个 非常 受 欢迎 的 二手 商品 交易 平台。

第三部分 练习
dì sān bùfen liànxí

Part Three Exercises

一、发音 练习
fāyīn liànxí

Pronunciation Practice

1. 钱　　　多少 钱
   qián　　duōshao qián

   一共 多少 钱？
   Yígòng duōshao qián?

2. 要　　要 葡萄　　要 葡萄 和 苹果　　要 这 串 葡萄 和 那 个 苹果
   yào　yào pútao　yào pútao hé píngguǒ　yào zhè chuàn pútao hé nà ge píngguǒ

   我 要 这 串 葡萄 和 那 个 苹果。
   Wǒ yào zhè chuàn pútao hé nà ge píngguǒ.

3. 贵　　比较 贵　　车 比较 贵
   guì　bǐjiào guì　chē bǐjiào guì

   新 车 比较 贵。
   Xīn chē bǐjiào guì.

4. 买　　买 旧 的
   mǎi　mǎi jiù de

   最好 买 旧 的。
   Zuìhǎo mǎi jiù de.

5. 便宜　　比较 便宜
   piányi　bǐjiào piányi

   旧 的 比较 便宜。
   Jiù de bǐjiào piányi.

6. 去　　去 市场　　去 商品 市场　　去 二手 商品 市场
   qù　qù shìchǎng　qù shāngpǐn shìchǎng　qù èrshǒu shāngpǐn shìchǎng

   可以 去 二手 商品 市场 看看
   kéyǐ qù èrshǒu shāngpǐn shìchǎng kànkan

   你 可以 去 二手 商品 市场 看看。
   Nǐ kéyǐ qù èrshǒu shāngpǐn shìchǎng kànkan.

yǒu   yǒu méi yǒu   yǒu méi yǒu héshì de
7. 有   有 没 有   有 没 有 合适 的

Kànkan yǒu méi yǒu héshì de.
看看 有 没 有 合适 的。

dǎ   dǎ chūzūchē   chángcháng dǎ chūzūchē   yě chángcháng dǎ chūzūchē
8. 打   打 出租车   常常 打 出租车   也 常常 打 出租车

Wǒ yuánlái yě chángcháng dǎ chūzūchē.
我 原来 也 常常 打 出租车。

shǐyòng   shǐyòng Dīdīdǎchē   dōu shǐyòng Dīdīdǎchē   yìbān dōu shǐyòng Dīdīdǎchē
9. 使用   使用 滴滴打车   都 使用 滴滴打车   一般 都 使用 滴滴打车

Xiànzài wǒ yìbān dōu shǐyòng Dīdīdǎchē.
现在 我 一般 都 使用 滴滴打车。

二、
tìhuàn cíyǔ shuō jùzi
替换 词语 说 句子
Replace the words and then read the sentences

Wǒ yào zhè chuàn pútao hé nà ge píngguǒ, duōshao qián?
1. 我 要 这 串 葡萄 和 那个 苹果，多少 钱？

▶ 音频 ◀

yí kuài miànbāo   yì bēi niúnǎi
    一 块 面包   一 杯 牛奶

yì bēi chá   yì wǎn miàntiáo
    一 杯 茶   一 碗 面条

zhè tiáo kùzi   nà jiàn yīfu
    这 条 裤子   那 件 衣服

Xīn chē bǐjiào guì.
2. 新 车 比较 贵。

zhè jiàn yīfu   piányi
    这 件 衣服   便宜

Nǐ kéyǐ qù èrshǒu shāngpǐn shìchǎng kànkan.
3. 你 可以 去 二手 商品 市场 看看。

chāoshì
    超市

xuéxiào
    学校

jiàoxuélóu
    教学楼

bówùguǎn
博物馆

yīyuàn
医院

dòngwùyuán
动物园

Xián yú jiù shì yí gè fēicháng shòu huānyíng de èr shǒu shāngpǐn jiāoyì píngtái.
4. 闲鱼 就 是 一 个 非常 受 欢迎 的 二手 商品 交易 平台。

píngguǒ 苹果	zhǒng 种	shuǐguǒ 水果
Ān Lóng 安 龙	míng 名	xuéshēng 学生
zúqiú 足球	zhǒng 种	yùndòng 运动
Dūjiāngyàn 都江堰	zuò 座	chéngshì 城市

三、
xuǎncí tiánkòng
选词 填空
Fill in the Gaps

Xiān dúlì tiánxiě dáàn, ránhòu tīng lùyīn héshí suǒ xiě de dáàn shìfǒu zhèngquè.
先 独立 填写 答案，然后 听 录音 核实 所写 的 答案 是否 正确。

Fill in the answers first and listen to the recording afterwards to

check if the answers are right.

► 音频 ◄

| piányi 便宜 | qù túshūguǎn 去 图书馆 | zuìhǎo 最好 | xiànzài 现在 | jiù de 旧 的 |
| wǎngzhàn 网站 | tài guì le 太 贵 了 | nà tiáo kùzi 那 条 裤子 | yígòng 一共 | chángcháng 常常 |

Wǒ yào zhè jiàn yīfu hé
1. 我 要 这 件 衣服 和 (　　　　)。(　　　　) 多少 钱?

Wǒ yuánlái   zuò chūzūchē qù shìqū.
2. 我 原来 (　　　　) 坐 出租车 去 市区。

Wǒ juéde dǎ chūzūchē

3. 我 觉得 打 出租车（　　　　　　　），（　　　　　　　　）我 一般 都 使用

wǒ yìbān dōu shǐyòng

Dīdīdǎchē.

滴滴打车。

Xīn shū bǐjiào guì, mǎi , jiù de bǐjiào

4. 新 书 比较 贵，（　　　　　）买（　　　　　　），旧 的 比较（　　　　　）。

Nǐ kéyǐ kànkan, huòzhě bówùguǎn yě kéyǐ.

5. 你 可以（　　　　　　　）看看，或者 博物馆 也 可以。

Táobǎowǎng jiù shì yí gè fēicháng shòu huānyíng de

6. 淘宝网 就 是 一 个 非常 受 欢迎 的（　　　　　　　）。

---

tīng lùyīn, wánchéng yǐxià duìhuà

四、听 录音，完成 以下 对话

Listen to the recording and complete the following dialogue

Tóngxué, nǐ yào mǎi diǎnr shénme?

1. A：同学，你 要 买 点儿 什么？

Wǒ yào hé , duōshao qián?

B：我 要＿＿＿＿＿和＿＿＿＿＿，多少 钱？

A：＿＿＿＿＿＿。

Wǒ yìbān zuò chūzūchē qù. Nǐ ne?

2. A：我 一般 坐 出租车 去。你 呢？

Wǒ juéde tài guì le, xiànzài wǒ yìbān dōu shǐyòng Dīdīdǎchē.

B：我 觉得＿＿＿＿＿太 贵 了，现在 我 一般 都 使用 滴滴打车。

Wǒ xiáng mǎi yì běn xīn shū.

3. A：我 想 买 一 本 新 书。

Xīn shū , zuìhǎo mǎi jiù de, jiù de bǐjiào

B：新 书＿＿＿＿＿，最好 买 旧 的，旧 的 比较＿＿＿＿＿。

Zài nǎr néng ne?

4. A：在 哪儿 能＿＿＿＿＿呢？

Wǒmen kéyǐ zài Xiányú shang zhǎo yi zhǎo, kànkan héshì de. Xiányú shì

B：我们 可以 在 闲鱼 上 找 一 找，看看＿＿＿＿＿合适 的。闲鱼 是

yí gè fēicháng shòu huānyíng de èrshǒu shāngpǐn jiāoyì píngtái.

一 个 非常 受 欢迎 的 二手 商品 交易 平台。

五、 交际 任务
jiāojì rènwu
Communicative Task

Gēnjù běn kè suǒ xué nèiróng hé xiàliè tíshì, tóng nǐ de tóngzhuō fēnbié bànyǎn mǎi dōngxi hé mài
根据 本 课 所 学 内容 和 下列 提示，同 你 的 同桌 分别 扮演 买 东西 和 卖

dōngxi de rén, zǔchéng duìhuà.
东西 的 人，组成 对话。

According to the content you have learnt from this lesson and the following hints, play the roles of the seller and the buyer with your deskmate and make a dialogue.

第八课
Lesson Eight

Zhōngguó měishí
中国 美食
Chinese Food

▶ 音频 ◀

rèshēn huódòng
热身 活动 Warming-up

Tóngzhuō liǎng rén yì zǔ tǎolùn yíxià: nǐmen guójiā de yǐnshí hé Zhōngguó
同桌 两人一组 讨论 一下：你们 国家 的 饮食 和 中国

yǐnshí de chāyì.
饮食 的 差异。

Working with your deskmate, discuss the differences of eating habits between

your own country and China.

dì yī bùfen kèwén
第 一 部分　课文
Part One　Texts

课文（一）
kèwén   yī
Text One

▶ 音频 ◀

（Fàndiàn li.）
（饭店 里。）

fúwùyuán   Huānyíng guānglín,   nín jǐ wèi?
服务员：欢迎 光临，您 几 位？

Ān Lóng   Sān gè rén.
安龙：三 个 人。

fúwùyuán   Hǎo de,   lǐmiàn qǐng.
服务员：好 的，里面 请。

Sān gè rén zuò xià yǐhòu.
（三 个 人 坐 下 以后。）

fúwùyuán   Zhè shì càidān,   chī diǎnr shénme?
服务员：这 是 菜单，吃 点儿 什么？

Ān Lóng   Hǎo de.   Fāng Tíng,   nǐ xǐhuan chī shénme cài?
安龙：好 的。芳 婷，你 喜欢 吃 什么 菜？

Fāng Tíng   Wó xǐhuan chī là de.   Bǐrú   mápódòufu,   málàyú,
芳 婷：我 喜欢 吃 辣 的。比如 麻婆豆腐、麻辣鱼、

shuízhǔròupiàn shénme de dōu kéyǐ.
水煮肉片 什么 的 都 可以。

Ān Lóng   Nǐ bú pà là ma?
安龙：你 不 怕 辣 吗？

Fāng Tíng   Wǒ bú pà là.   Wǒmen Tàiguó cài yǒu de yě fàng hěn duō làjiāo.
芳 婷：我 不 怕 辣。我们 泰国 菜 有 的 也 放 很 多 辣椒。

Ān Lóng   Hǎo ba.   Nà lái yí gè shuízhǔròupiàn ba,   lǐmiàn yòu yǒu ròu
安龙：好 吧。那 来 一 个 水煮肉片 吧，里面 又 有 肉

yòu yǒu cài.   Ruǎn Lán,   nǐ ne?   Ní xǐhuan chī shén me cài?
又 有 菜。阮 兰，你 呢？你 喜欢 吃 什么 菜？

Ruǎn Lán   Wǒ pà là.   Yǒu   tángcùpáigǔ,   xīhóngshì chǎo jīdàn shénme
阮 兰：我 怕 辣。有 糖醋排骨、西红柿 炒 鸡蛋 什么

de ma?
的 吗？

Ān Lóng　Yǒu de.　Wǒ bú tài xǐhuan chī tángcùpáigǔ,　lái gè xīhóngshì
安龙：有的。我 不 太 喜欢 吃 糖醋排骨，来 个 西红柿

chǎo jīdàn zěnmeyàng?
炒 鸡蛋 怎么样？

Ruǎn Lán　Hǎo.　Cái liǎng gè cài,　bú gòu chī.
阮兰：好。才 两 个 菜，不 够 吃。

Ān Lóng　Nà wǒ diǎn gè yúxiāngròusī,　zài diǎn yí gè ròuwántāng.　Sì
安龙：那 我 点 个 鱼香肉丝，再 点 一 个 肉丸汤。四

gè cài gòu bú gòu?
个 菜 够 不 够？

Fāng Tíng　Gòu le.
芳婷：够 了。

Ruǎn Lán　Diǎn sān wǎn mǐfàn.
阮兰：点 三 碗 米饭。

fúwùyuán　Wǒ quèrèn yíxià.　Nǐmen yígòng diǎnle sì gè cài: shuǐzhǔ
服务员：我 确认 一下。你们 一共 点了 四 个 菜：水煮

ròupiàn,　xīhóngshì chǎo jīdàn,　yúxiāngròusī hé ròuwántāng.
肉片、西红柿 炒 鸡蛋、鱼香肉丝 和 肉丸汤。

Lìng wài hái yǒu sān wǎn mǐfàn,　duì ma?
另外 还 有 三 碗 米饭，对 吗？

Ān Lóng　Duì de.
安龙：对 的。

(In the restaurant.)

    Waiter：Welcome, How many?

  An Long：Table for three.

    Waiter：OK. Follow me, please.

(After three people sit down.)

Waiter：This is the menu. What would you like?

An Long：OK. Fang Ting, what kind of food do you like?

Fang Ting：I like spicy food. For example, Mapo Tofu, spicy fish, and poached spicy slices of pork and so on.

An Long：Aren't you afraid of spicy taste?

Fang Ting：I'm not afraid of spicy taste. There is a lot of chilli in many Thai dishes.

An Long：I see. Let's have a poached spicy slices of pork. There are both meat and vegetables in it. Ruan Lan, how about you? What kind of food do you like?

Ruan Lan：I'm afraid of spicy food. Are there sweet and sour spare ribs and tomato omelet?

An Long：Sure, but I don't like sweet and sour spare ribs. How about tomato omelet?

Ruan Lan：Good. Only two dishes, it's not enough.

An Long：Let's have a shredded pork with chilli and soy, and meat ball soup. Will four dishes be enough?

Fang Ting：Enough.

Ruan Lan：Let's have three bowls of rice.

Waiter：Please let me confirm the order. You ordered four dishes: a poached spicy slices of pork, a tomato omelet, a shredded pork with chilli and a meat ball soup. And plus three bowls of rice. Is it right?

An Long：Exactly.

kèwén shēngcí yī
课文 生词（一）
New Words One

huānyíng guānglín
1. 欢迎 光临 *v.* welcome

càidān
2. 菜单 *n.* menu

dòufu
3. 豆腐 *n.* tofu

là
4. 辣 *adj.* spicy

páigǔ
5. 排骨 *n.* ribs

xīhóngshì
6. 西红柿 *n.* tomato

lìngwài
7. 另外 *adv.* moreover

▶ 音 频 ◀

kèwén   èr
课文（二）
Text Two

(Ruǎn Lán hé Lǐ Xuě zài shítáng chīfàn.)
（阮兰和李雪在食堂吃饭。）

▶ 音 频 ◀

Ruǎn Lán   Zhōngguó cài yòu má yòu là. Wǒ yóu diǎnr bù
阮兰：中国 菜 又 麻 又 辣。我 有 点儿 不

xíguàn.
习惯。

Lǐ Xuě   Bú shì Zhōngguó cài yòu má yòu là,   shì Sìchuān cài yòu má
李雪：不 是 中国 菜 又 麻 又 辣，是 四川 菜 又 麻

yòu là.
又 辣。

Ruǎn Lán   Shénme yìsi?
阮兰：什么 意思？

Lǐ Xuě   Zhōngguó hěn dà,   bù tóng de dìfang yǐnshí xíguàn hěn bù
李雪：中国 很 大，不 同 的 地方 饮食 习惯 很 不

yíyàng.   Sìchuān cài de tèdiǎn jiù shì yòu má yòu là,   nǐmen
一样。四川 菜 的 特点 就 是 又 麻 又 辣，你们

zài Sìchuān xuéxí,　suóyǐ gǎnjué zhōuwéi de cài yòu má yòu là.
在 四川 学习，所以 感觉 周围 的 菜 又 麻 又 辣。

Ruǎn Lán　Wèi shénme Sìchuān cài yòu má yòu là ne?
阮 兰：为 什么 四川 菜 又 麻 又 辣 呢？

Lǐ Xuě　Jùshuō shì yīnwèi Sìchuān de qìhòu shī lěng,　rénmen tōngguò chī
李雪：据说 是 因为 四川 的 气候 湿冷，人们 通过 吃

yòu má yòu là de shíwù lái qùchú hánlěng.
又 麻 又 辣 的 食物 来 去除 寒冷。

Ruǎn Lán　Wó dǒng le.　nà shénme cài bú là ne?　bǐrú?
阮 兰：我 懂 了。那 什么 菜 不 辣 呢？比如？

Lǐ Xuě　Bǐrú Guǎngdōng cài.　Guǎngdōng cài de tèdiǎn shì xiān.
李雪：比如 广东 菜。广东 菜 的 特点 是 鲜。

Ruǎn Lán　Dǒng le.　yǐhòu yídìng yào qù chángchang bù tóng kǒuwèi de
阮 兰：懂 了。以后 一定 要 去 尝尝 不同 口味 的

Zhōngguó cài.
中国 菜。

(Ruan Lan and Li Xue are having food in canteen.)

Ruan Lan：Chinese food is spicy and hot. I'm not used to it.

Li Xue：It's not Chinese food which is spicy and hot but Sichuan food is spicy and hot.

Ruan Lan：What do you mean?

Li Xue：China is very huge, and different places have various dietary habits. The characteristics of Sichuan food are spicy and hot. You are studying in Sichuan Province and therefore the local food is spicy and hot.

Ruan Lan：Why is the Sichuan food spicy and hot?

Li Xue：It's said that the weather in Sichuan is damp and cold.

The locals can get rid of cold through having spicy and hot food.

Ruan Lan：I see. So what areas is food not spicy? For example?

Li Xue：For example, Guangdong food. The characteristics of Guangdong food is fresh.

Ruan Lan：I see. I must try different kinds of Chinese food in the future.

kèwén shēngcí èr
课文 生词（二）
New Words Two

dìfang
1. 地方 *n.* place

yǐnshí
2. 饮食 *n.* diet

xíguàn
3. 习惯 *n.* habit

xuéxí
4. 学习 *v.* study

jùshuō
5. 据说 *VP.* it's said

qìhòu
6. 气候 *n.* weather

shī lěng
7. 湿冷 *adj.* damp and cold

tōngguò
8. 通过 *conj.* through

qùchú
9. 去除 *v.* get rid of

hánlěng
10. 寒冷 *adj.* cold

kǒuwèi
11. 口味 *n.* taste

▶ 音频 ◀

第二部分 交际功能句
dì èr bùfen jiāojì gōngnéngjù

Part Two Communicative Functional Sentences

一、点菜
diǎn cài
Ordering Dishes

1. 那来一个水煮肉片吧，里面又有肉又有菜。
Nà lái yí gè shuǐzhǔròupiàn ba, lǐmiàn yòu yǒu ròu yòu yǒu cài.

2. 那我点个鱼香肉丝，再点一个肉丸汤。
Nà wǒ diǎn gè yúxiāngròusī, zài diǎn yí gè ròuwántāng.

3. 点三碗米饭。
Diǎn sān wǎn mǐfàn.

▶ 音频 ◀

二、解释说明
jiěshì shuōmíng
Explanation

1. 我喜欢吃辣的。比如麻婆豆腐、麻辣鱼、水煮肉片什么的都可以。
Wó xǐhuan chī là de. Bǐrú mápódòufu, málàyú, shuǐzhǔ ròupiàn shénme de dōu kéyǐ.

2. 不是中国菜又麻又辣，是四川菜又麻又辣。
Bú shì Zhōngguó cài yòu má yòu là, shì Sìchuān cài yòu má yòu là.

3. 中国很大，不同的地方饮食习惯很不一样。四川菜的特点就是又麻又辣，你们在四川学习，所以感觉周围的菜又麻又辣。
Zhōngguó hěn dà, bù tóng de dìfang yǐnshí xíguàn hěn bù yíyàng. Sìchuān cài de tèdiǎn jiù shì yòu má yòu là, nǐmen zài Sìchuān xuéxí, suóyǐ gǎnjué zhōuwéi de cài yòu má yòu là.

4. 据说是因为四川的气候湿冷，人们通过吃又麻又辣的食物来去除寒冷。
Jùshuō shì yīnwèi Sìchuān de qìhòu shī lěng, rénmen tōngguò chī yòu má yòu là de shíwù lái qùchú hánlěng.

5. 广东菜的特点是鲜。
Guǎngdōng cài de tèdiǎn shì xiān.

fāyīn liànxí
一、发音 练习
Pronunciation Practice

lái　　　　lái yí gè　　　　　lái yí gè shuízhǔròupiàn
1. 来　　　来一个　　　　来一个水煮肉片

Nà lái yí gè shuízhǔròupiàn ba.
那来一个水煮肉片吧。

diǎn　　　diǎn gè　　　　diǎn gè yúxiāngròusī　　　wó diǎn gè yúxiāngròusī
2. 点　　　点个　　　　点个鱼香肉丝　　　我点个鱼香肉丝

Nà wó diǎn gè yúxiāngròusī.
那我点个鱼香肉丝。

chī　　　chī là　　　chī là de　　　xǐhuan chī là de
3. 吃　　　吃辣　　　吃辣的　　　喜欢吃辣的

Wó xǐhuan chī là de.
我喜欢吃辣的。

cài　　　Zhōngguó cài　　　Zhōngguó cài yòu má yòu là.
4. 菜　　　中国菜　　　中国菜又麻又辣。

xíguàn　　　yǐnshí xíguàn　　　yǐnshí xíguàn yíyàng　　　yǐnshí xíguàn bù yíyàng
5. 习惯　　　饮食习惯　　　饮食习惯一样　　　饮食习惯不一样

yǐnshí xíguàn hěn bù yíyàng　　　dìfang yǐnshí xíguàn hěn bù yíyàng
饮食习惯很不一样　　　地方饮食习惯很不一样

Bù tóng de dìfang yǐnshí xíguàn hěn bù yíyàng.
不同的地方饮食习惯很不一样。

tèdiǎn　　　tèdiǎn shì yòu má yòu là
6. 特点　　　特点是又麻又辣

Sìchuān cài de tèdiǎn shì yòu má yòu là.
四川菜的特点是又麻又辣。

qìhòu　　　qìhòu shī lěng　　　Sìchuān de qìhòu shī lěng　　　yīnwèi Sìchuān de qìhòu shī lěng
7. 气候　　　气候湿冷　　　四川的气候湿冷　　　因为四川的气候湿冷

Jùshuō shì yīnwèi Sìchuān de qìhòu shī lěng.
据说是因为四川的气候湿冷。

8. 去除　　去除 寒冷　　吃 食物 来 去除 寒冷
qùchú　　qùchú hánlěng　　chī shíwù lái qùchú hánlěng

chī yòu má yòu là de shíwù lái qùchú hánlěng
吃 又 麻 又 辣 的 食物 来 去除 寒冷

Rénmen kéyǐ tōngguò chī yòu má yòu là de shíwù lái qùchú hánlěng.
人们 可以 通过 吃 又 麻 又 辣 的 食物 来 去除 寒冷。

二、替换 词语 说 句子
tìhuàn cíyǔ shuō jùzi
Replace the words and then read the sentences

Nà lái yí gè shuízhǔròupiàn ba.
1. 那 来 一 个 <u>水煮肉片</u> 吧。

miàntiáo
面条

mápódòufu
麻婆豆腐

málàyú
麻辣鱼

Nà wó diǎn gè yúxiāngròusī,　　zài diǎn yí gè ròuwántāng.
2. 那 我 点 个 <u>鱼香肉丝</u>，再 点 一 个 <u>肉丸汤</u>。

kāfēi　　　　　　　　　　dàngāo
咖啡　　　　　　　　　　蛋糕

mápódòufu　　　　　　　málàyú
麻婆豆腐　　　　　　　麻辣鱼

Diǎn sān wǎn mǐfàn.
3. 点 <u>三 碗 米饭</u>。

yì wǎn miàntiáo
一 碗 面条

liǎng bēi kāfēi
两 杯 咖啡

Wó xǐhuan chī là de.
4. 我 喜欢 吃 <u>辣 的</u>。

xiān de
鲜 的

tián de
甜 的

tángcùpáigǔ
糖醋排骨

xīhóngshì chǎo jīdàn
西红柿 炒 鸡蛋

Guǎngdōng cài de tèdiǎn shì xiān.
5. 广东 菜 的 特点 是 鲜。

Sìchuān　　　　　　　　　là
四川　　　　　　　　　辣

Jiāngsū　　　　　　　　qīngdàn
江苏　　　　　　　　清淡

三、 xuǎncí tiánkòng
选词 填空
Fill in the Gaps

Xiān dúlì tiánxiě dáàn,　　ránhòu tīng lùyīn héshí suó xiě de dáàn shìfǒu zhèngquè.
先 独立 填写 答案，然后 听 录音 核实 所写 的 答案 是否 正确。

Fill in the answers first and listen to the recording afterwards to

check if the answers are right.

▶ 音频 ◀

hěn dà	pà	lái yí gè	là de
很大	怕	来 一个	辣 的
zài diǎn yí gè	xíguàn	yì wǎn miàntiáo	bú shì Zhōngguó cài
再点 一个	习惯	一碗 面条	不 是 中国 菜

Nà　　　　　　　　　xīhóngshì chǎo jīdàn ba.
1. 那（　　　　　　）西红柿 炒 鸡蛋 吧。

Wó xǐhuan chī
2. 我 喜欢 吃（　　　　　　）。

Wǒ　　　　　　　　　là. Wó diǎn gè tángcùpáigǔ,　　　　　　　　yúxiāngròusī,
3. 我（　　　　　　）辣。我 点 个 糖醋排骨，（　　　　　　）鱼香肉丝，

Lái
来（　　　　　　）。

yòu má yòu là,　　shì Sìchuān cài yòu má yòu là.
4. （　　　　　　）又 麻 又 辣，是 四川 菜 又 麻 又 辣。

Zhōngguó　　　　　　　　, bù tóng de dìfang yǐnshí　　　　　　　hěn bù yíyàng.
5. 中国（　　　　　　），不同 的 地方 饮食（　　　　　　）很 不一样。

四、
tīng lùyīn, wánchéng yǐxià duìhuà
听 录音，完成 以下 对话
Listen to the recording and complete the following dialogue

Nǐ xǐhuan chī shénme cài?
1. A：你 喜欢 吃 什么 菜?

　　　　　　　　　　．Bǐrú mápódòufu hé shuǐzhǔròupiàn.
B：＿＿＿＿＿＿＿。比如 麻婆豆腐 和 水煮肉片。

　　　　　　　　　?
2. A：＿＿＿＿＿＿＿?

Wǒ pà là. Yǒu tángcùpáigǔ, xīhóngshì chǎo jīdàn shénme de ma?
B：我 怕 辣。有 糖醋排骨、西红柿 炒 鸡蛋 什么 的 吗?

Wǒ quèrèn yíxià, nǐmen yígòng　　　　　　　： mápódòufu, yúxiāngròusī hé ròuwán
3. A：我 确认 一下，你们 一共 ＿＿＿＿＿＿＿：麻婆豆腐、鱼香肉丝 和 肉丸

tāng. Lìngwài hái yǒu　　　　　　　, duì ma?
汤。另外 还 有 ＿＿＿＿＿＿＿，对 吗?

Duì de.
B：对 的。

Zhōngguó cài yòu má yòu là. Wǒ yóu diǎnr　　　　　　　.
4. A：中国 菜 又 麻 又 辣。我 有 点儿 ＿＿＿＿＿＿＿。

Bú shì Zhōngguó cài yòu má yòu là, shì　　　　　　　. Zhōngguó hěn dà, bù tóng de
B：不 是 中国 菜 又 麻 又 辣，是 ＿＿＿＿＿＿＿。中国 很 大，不 同 的

dìfang yǐnshí xíguàn hěn bù yíyàng.
地方 饮食 习惯 很 不 一样。

五、
jiāojì rènwu
交际 任务
Communicative Task

Gēnjù běn kè suǒ xué nèiróng hé xiàliè tíshì, tóng nǐ de tóngzhuō fēnbié bànyǎn fúwùyuán hé
根据 本 课 所 学 内容 和 下列 提示，同 你 的 同桌 分别 扮演 服务员 和

chīfàn de rén, zǔchéng duìhuà.
吃饭 的 人，组成 对话。

According to the content you have learnt from this lesson and the following hints, role-play the waiter and the customer with your deskmate and make a dialogue.

第九课 dì jiǔ kè
Lesson Nine

度假 dù jià
Take a Holiday

▶ 音频 ◀

热身 活动 rèshēn huódòng Warming-up

Tóngzhuō liǎng rén yì zǔ tǎolùn yíxià: nǐ de jiàqī yìbān dōu gàn
同桌 两人 一 组 讨论 一下：你 的 假期 一般 都 干

shénme? Hé shéi yìqǐ? Nǐ juéde yǒuqù ma? Wèi shénme?
什么？和 谁 一起？你 觉得 有趣 吗？为 什么？

Working with your deskmate, discuss what you usually do on vocation? With

whom? Do you think it is interesting and why?

第一部分 课文 dì yī bùfen kèwén
Part One   Texts

课文（一）
kèwén yī

Text One

（教室里。）
(Jiàoshì li.)

安龙： 明天 是 元旦，放假 一 天，你们 有
Ān Lóng　Míngtiān shì Yuándàn, fàng jià yì tiān, nǐmen yǒu

什么 安排？
shénme ānpái?

芳婷： 我 准备 去 四川 博物院，听说 在 那里 可以 了解
Fāng Tíng　Wó zhǔnbèi qù Sìchuān Bówùyuàn, tīngshuō zài nàlǐ kéyǐ liǎojiě

四川 历史。
Sìchuān lìshǐ.

安龙： 那 我 和 你 一起 去 吧，我 也 想 更 多 地 了解
Ān Lóng　Nà wǒ hé nǐ yìqǐ qù ba, wǒ yé xiǎng gèng duō de liáojiě

四川。
Sìchuān.

芳婷： 好 啊。陈山，你 准备 到 哪儿 玩 呢？
Fāng Tíng　Hǎo a. Chén Shān, ní zhǔnbèi dào nǎr wán ne?

陈山： 我 准备 去 青城 山，那儿 挺 漂亮 的。阮兰，
Chén Shān　Wó zhǔnbèi qù Qīngchéng Shān, nàr tǐng piàoliang de. Ruǎn Lán,

一起 去 吧？
yìqǐ qù ba?

阮兰： 我 不 想 去。
Ruǎn Lán　Wǒ bù xiǎng qù.

陈山： 为什么？你 不 喜欢 爬 山 吗？
Chén Shān　Wèi shénme? Nǐ bù xǐhuan pá shān ma?

阮兰： 爬 山 太 累 了。我 喜欢 逛 街。要不 一起 去 逛
Ruǎn Lán　Pá shān tài lèi le. Wó xǐhuan guàng jiē. Yàobù yìqǐ qù guàng

街 吧？
jiē ba?

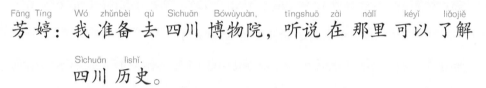

陈山： 我 觉得 逛 街 比 爬 山 更 累。

安龙： 我 也 觉得 逛 街 比 爬 山 更 累。去 逛 街 还 不 如 在 宿舍 睡觉 呢。

(In the classroom.)

An Long： Tomorrow is New Year's Day. We'll have one day off. Do you have any arrangement?

Fang Ting： I prepared to go to Sichuan Museum. It's said Sichuan history can be learnt there.

An Long： Let me go with you. I want to know more about Sichuan as well.

Fang Ting： OK. Chen Shan, where are you going?

Chen Shan： I'm going to climb Qingcheng Mountain. It is beautiful. Ruan Lan, let's go there together?

Ruan Lan： I don't want to go there.

Chen Shan： Why? Don't you like climbing?

Ruan Lan： Climbing is too tiring. I like going shopping. How about going shopping together?

Chen Shan： I think going shopping is more tiring than climbing.

An Long： I agree. I would rather sleep in the dormitory than go shopping.

课文 生词（一）
New Words One

▶ 音频 ◀

1. 元旦 *n.* New Year's Day

2. 放假 *VO.* take a holiday.

3. 安排 *n.* arrangement

4. 准备 *v.* prepare

5. 了解 *v.* know

6. 历史 *n.* history

课文（二）
Text Two

▶ 音频 ◀

（宿舍里。）

阮兰：芳婷，马上放寒假了，你打算
怎么过？

芳婷：我一放假就回国。

阮兰：这么着急！

芳婷：我太想我的家人和朋友了。你呢，也是放
假就回国吗？

阮兰：我不回国。中国那么大，我想在中国
旅行。

芳婷　Fāng Tíng　Qù nǎr?
芳婷：去哪儿？

阮兰　Ruǎn Lán　Hái méi juédìng, wó xiǎng qù háo jǐ gè dìfang ne.
阮兰：还没决定，我想去好几个地方呢。

芳婷　Fāng Tíng　Nà ní děi kuài yìdiǎnr juédìng.
芳婷：那你得快一点儿决定。

阮兰　Ruǎn Lán　Wèi shénme?
阮兰：为什么？

芳婷　Fāng Tíng　Wǒ tīngshuō hěn duō Zhōngguó rén dōu yào huí lǎojiā guò Chūnjié,
芳婷：我听说很多中国人都要回老家过春节，

lǚxíng de rén yě hěn duō, suóyǐ búlùn shì fēijīpiào hái shi
旅行的人也很多，所以不论是飞机票还是

huǒchē piào dōu fēicháng nán mǎi. Rúguǒ nǐ bù zǎo diǎnr yùdìng,
火车票都非常难买。如果你不早点儿预订，

kěnéng dào shíhou jiù mǎi bú dào piào le.
可能到时候就买不到票了。

阮兰　Ruǎn Lán　Xièxie nǐ tíxǐng wǒ. Wó mǎshàng chá yi chá.
阮兰：谢谢你提醒我。我马上查一查。

(In the dormitory.)

Ruan Lan：Fang Ting, winter holiday is coming. What's your arrangement?

Fang Ting：I'm going to go back to my country as soon as the winter holiday comes.

Ruan Lan：Why in such a hurry?

Fang Ting：I miss my family and friends so much. How about you? Are you going back as well?

Ruan Lan：No. China is so huge, I will travel in China.

Fang Ting：Where are you going?

Ruan Lan：Not decided yet as I want to go to a few places.

Fang Ting：I suggest you should make a decision as soon as possible.

Ruan Lan：Why?

Fang Ting：I heard that many Chinese will go back to their hometown to celebrate the Spring Festival. At the same time, many people will travel in China during the Spring Festival. Thus it will be difficult to buy plane tickets and train tickets. You cannot get any ticket if you don't book it early.

Ruan Lan：Thank you for your reminding. I will check right now.

kèwén shēngcí èr
课文 生词（二）
New Words Two

măshàng
1. 马上 *adv.* right now

zháojí
2. 着急 *adj.* hurry

lǚxíng
3. 旅行 *v.* travel

juédìng
4. 决定 *v.* decide

lǎojiā
5. 老家 *n.* hometown

Chūnjié
6. 春节 *n.* the Spring Festival

yùdìng
7. 预订 *v.* book

tíxǐng
8. 提醒 *v.* remind

▶ 音 频 ◀

第二部分 交际 功能句
dì èr bùfen jiāojì gōngnéngjù

Part Two Communicative Functional Sentences

一、询问 安排
xúnwèn ānpái

Program Enquiry

▶ 音频 ◀

Míngtiān shì Yuándàn, fàng jià yì tiān, nǐmen yǒu shénme ānpái?
1. 明天 是 元旦，放假一天，你们 有 什么 安排?

Ní zhǔnbèi dào nǎr wán ne?
2. 你 准备 到 哪儿 玩 呢?

Mǎshàng fàng hánjià le, ní dǎsuàn zěnme guò?
3. 马上 放 寒假了，你 打算 怎么 过?

Nǐ ne, yě shì fàng jià jiù huí guó ma?
4. 你 呢，也 是 放假 就 回国 吗?

二、计划 安排
jìhuà ānpái

Planning

▶ 音频 ◀

Wó zhǔnbèi qù Sìchuān Bówùyuàn, tīngshuō zài nàlǐ kéyǐ liáojiě Sìchuān
1. 我 准备 去 四川 博物院，听说 在 那里 可以 了解 四川

lìshǐ.
历史。

Wó zhǔnbèi qù Qīngchéng Shān, nàr tǐng piàoliang de.
2. 我 准备 去 青城 山，那儿 挺 漂亮 的。

Wǒ yí fàng jià jiù huí guó.
3. 我 一 放假 就 回国。

Wǒ bù huí guó. Zhōngguó nàme dà, wǒ yào zài Zhōngguó lǚxíng.
4. 我 不 回国。中国 那么 大，我 要 在 中国 旅行。

fāyīn   liànxí
一、发音练习
Pronunciation Practice

míngtiān　　　Míngtiān shì Yuándàn.
1. 明天　　明天 是 元旦。

fàng jià　　　Fàng jià yì tiān.
2. 放假　　放假 一天。

ānpái　　　shénme ānpái　　　yǒu shénme ānpái
3. 安排　　什么 安排　　有 什么 安排

Nǐmen yǒu shénme ānpái?
你们 有 什么 安排?

dào　　dào nǎr　　dào nǎr wán　　zhǔnbèi dào nǎr wán
4. 到　　到 哪儿　　到 哪儿 玩　　准备 到 哪儿 玩

Nǐ zhǔnbèi dào nǎr wán ne?
你 准备 到 哪儿 玩 呢?

piàoliang　　tǐng piàoliang　　tǐng piàoliang de
5. 漂亮　　挺 漂亮　　挺 漂亮 的

Nàr tǐng piàoliang de.
那儿 挺 漂亮 的。

zěnme　　zěnme guò　　dǎsuàn zěnme guò
6. 怎么　　怎么 过　　打算 怎么 过

Nǐ dǎsuàn zěnme guò?
你 打算 怎么 过?

huí　　huí guó　　fàng jià jiù huí guó
7. 回　　回国　　放假 就 回国

Wǒ yí fàng jià jiù huí guó.
我 一 放假 就 回国。

fàng jià　　fàng jià jiù huí guó
8. 放假　　放假 就 回国

Nǐ yě shì fàng jià jiù huí guó ma?
你 也 是 放假 就 回国 吗?

▶ 音频 ◀

dà   nàme dà   Zhōngguó nàme dà.
9. 大   那么大   中国 那么大。

lǚxíng   zài Zhōngguó lǚxíng   Wǒ yào zài Zhōngguó lǚxíng.
10. 旅行   在 中国 旅行   我要在 中国 旅行。

二、 替换 词语 说 句子
tìhuàn cíyǔ shuō jùzi
Replace the words and then read the sentences

Míngtiān shì Yuándàn.
1. 明天 是 元旦。

▶ 音频 ◀

jīntiān   Zhōngqiūjié
今天   中秋节

zuótiān   Duānwǔjié
昨天   端午节

Wǒ zhǔnbèi qù Sìchuān Bówùyuàn.
2. 我 准备 去 四川 博物院。

Sìchuānshěng Túshūguǎn
四川省 图书馆

gōngyuán
公园

dòngwùyuán
动物园

shāngdiàn
商店

Wǒ yí fàng jià jiù huí guó.
3. 我 一 放假 就 回国。

xià kè   qù lǚyóu
下课   去 旅游

tóu tòng   qù kàn yīshēng
头痛   去 看 医生

Wǒ yào zài Zhōngguó lǚxíng.
4. 我 要 在 中国 旅行。

Tàiguó liúxué
泰国 留学

Yuènán xuéxí
越南 学习

三、选词 填空
xuǎncí tiánkòng
Fill in the Gaps

Xiān dúlì tiánxiě dáàn, ránhòu tīng lùyīn héshí suó xiě de dáàn shìfǒu zhèngquè.
先 独立 填写 答案，然后 听 录音 核实 所写 的 答案 是否 正确。

Fill in the answers first and listen to the recording afterwards to

check if the answers are correct.

zěnme	lǚxíng	ānpái	dào nǎr wán
怎么	旅行	安排	到 哪儿 玩
fàng jià	zhǔnbèi	Túshūguǎn	bù huí guó
放 假	准备	图书馆	不 回 国

Míngtiān shì Zhōngqiūjié,　　　　　sān tiān,　ní yǒu shénme　　　　　?
1. A：明天 是 中秋节，（　　　　　）三 天，你 有 什么（　　　　　）？

Wǒ　　　　　qù Sìchuānshěng　　　　　.
B：我（　　　　　）去 四川省（　　　　　）。

Ní zhǔnbèi　　　　　ne?
2. 你 准备（　　　　　）呢？

Mǎshàng fàng shǔjià le, ní dǎsuàn　　　　　guò?
3. 马上 放 暑假 了，你 打算（　　　　　）过？

Wǒ　　　　　. Wǒ yào zài Sìchuān　　　　　.
4. 我（　　　　　）。我 要 在 四川（　　　　　）。

四、听 录音，完成 以下 对话
tīng lùyīn, wánchéng yǐxià duìhuà
Listen to the recording and complete the following dialogue

Míngtiān shì Láodòngjié,　　　　　, ní yǒu shénme ānpái?
1. A：明天 是 劳动节，_____，你 有 什么 安排？

　　　　　, nàlǐ kéyǐ liáojiě Zhōngguó lìshǐ.
B：_____，那里 可以 了解 中国 历史。

2. A：Nǐ zhǔnbèi
你 准备＿＿＿＿＿？

   B：Wǒ zhǔnbèi qù guàng jiē.
我 准备 去 逛 街。

3. A：Mǎshàng fàng shǔjià le,
马上 放 暑假了，＿＿＿＿＿？

   B：Wǒ
我＿＿＿＿＿。

4. A：Nǐ ne, yě shì fàng jià jiù huí guó ma?
你 呢，也 是 放假 就 回国 吗？

   B：Wǒ bù huí guó. Zhōngguó nàme dà,
我 不 回国。中国 那么 大，＿＿＿＿＿。

五、交际 任务
jiāojì rènwu
Communicative Task

Gēnjù běn kè suǒ xué nèiróng, hé nǐ de tóngzhuō duìhuà, hùxiāng xúnwèn duìfāng de Zhōngqiūjié
根据 本 课 所学 内容，和 你 的 同桌 对话，互相 询问 对方 的 中秋节

ānpái.
安排。

According to the content you have learnt from this lesson, dialogue with your deskmate and ask each other the arrangement of the Mid-Autumn Festival.

dì shí kè
第十课
Lesson Ten

yùdìng huǒchēpiào
预订 火车票
Book a Train Ticket

▶ 音频 ◀

rèshēn huódòng
热身 活动 Warming-up

Tóngzhuō liǎng rén yì zǔ tǎolùn yíxià:
同桌 两人一组讨论一下：

nǐ shìfǒu yǒu zài Zhōngguó mǎi huǒchēpiào, fēijīpiào huò dìtiě piào de jīnglì. Rúguó yǒu,
你 是否 有 在 中国 买 火车票、飞机票 或 地铁票 的 经历。如果 有，

shì zài wǎngshàng mǎi de hái shi zài shòupiàochù mǎi de? Mǎi piào guòchéng zhōng yùdàoguo kùnnan ma?
是在 网上 买 的还 是 在 售票处买的? 买票 过程 中 遇到过 困难 吗?

Working with your deskmate, discuss whether you had the experience of buying a train ticket, plane ticket, high-speed express ticket or subway ticket. If you had the experience, did you buy it online or from the ticket office? Did you have any challenges during the process?

dì yī bùfen kèwén
第一 部分 课文
Part One Texts

kèwén　yī
课文（一）
Text One

音频

(Huǒchēzhàn shòupiàochù.)
（火车站售票处。）

Ruǎn Lán　　Nín hǎo!　 Wǒ yào yì zhāng　 yuè　 hào qù
阮兰：您好！我要一张 2 月 3 号去

Chóngqìng de piào.
重庆的票。

shòupiàoyuán　　Shàngwǔ shí diǎn sānshí yǒu yí tàng;　xiàwǔ liǎng diǎn yǒu yí tàng.　Nǐ
售票员：上午 10:30 有一趟；下午 2:00 有一趟。你

xuǎn nǎ yí tàng?
选 哪 一 趟？

Ruǎn Lán　　Shàngwǔ shí diǎn sānshí nà tàng ba.
阮兰：上午 10:30 那趟吧。

shòupiàoyuán　　Yìngzuò,　 yìngwò hái shi ruǎnwò?
售票员：硬座、硬卧还是软卧？

Ruǎn Lán　　Yìngwò duōshao qián?
阮兰：硬卧多少钱？

shòupiàoyuán　　Xiàpù　　 yuán,　shàngpù hé zhōngpù　　 yuán. Xiàpù méiyǒu
售票员：下铺 300 元，上铺 和 中铺 285 元。下铺 没有

le.　Shàngpù hé zhōngpù xíng ma?
了。上铺和中铺行吗？

Ruǎn Lán　　Shàngpù hé zhōngpù a?　Hái yǒu bié de piào ma?
阮兰：上铺和中铺啊？还有别的票吗？

shòupiàoyuán　　Ruǎnwò hái yǒu,　yào ma?
售票员：软卧还有，要吗？

Ruǎn Lán　　Ruǎnwò xiàpù duōshao qián?
阮兰：软卧下铺多少钱？

shòupiàoyuán　　　　 yuán.
售票员：420 元。

阮兰：太贵了。那我还是要硬卧上铺吧。

售票员：2月3号，上午 10:30，D6次，硬卧上铺，285元。

阮兰：能刷支付宝吗？

售票员：可以。请出示您的护照和付款码。

阮兰：好的。

售票员：请拿好您的护照和火车票。

(In the ticket office at the train station.)

Ruan Lan：Hello! Could I have one ticket to Chongqing for third of February?

Ticket seller：There are two trains, 10:30 a.m. and 2:00 p.m.. Which one do you need?

Ruan Lan：10:30 a.m. please.

Ticket seller：Seat ticket, semi-cushioned berth or cushioned berth?

Ruan Lan：How much is semi-cushioned berth?

Ticket seller：Lower semi-cushioned berth, 300 yuan, upper and middle semi-cushioned berth, 285 yuan. Lower semi-cushioned berth has been sold out. How about upper or middle semi-cushioned berth?

Ruan Lan：Er…upper or middle semi-cushioned berth? Any other ticket?

Seller ticket：Cushioned berth is available. Do you need one?

Ruan Lan：How much is lower cushioned berth?

Seller ticket：420 yuan.

Ruan Lan：It's too expensive. Upper semi-cushioned berth, please!

Ticket seller：10:30 a.m., on third of February, Train No.D6, upper semi-cushioned berth, 285 yuan.

Ruan Lan：Could I pay by Alipay?

Ticket seller：OK. Please show me your passport and payment code.

Ruan Lan：OK.

Ticket seller：Please take care of your passport and ticket.

kèwén shēngcí yī
课文 生词（一）
New Words One

▶ 音频 ◀

1. huǒchēzhàn 火车站 *n.* train station

2. shòupiàochù 售票处 *n.* ticket office

3. tàng 趟 *m.* time

4. yìngzuò 硬座 *n.* seat

5. yìngwò 硬卧 *n.* semi-cushioned berth

6. ruǎnwò 软卧 *n.* cushioned berth

7. xiàpù / zhōngpù / shàngpù 下铺/ 中铺/ 上铺 *n.* lower/middle/upper semi-cushioned berth

8. shuā 刷 *v.* scan

9. fùkuǎnmǎ 付款码 *n.* payment code

10. huǒchēpiào 火车票 *n.* train ticket

课文（二）
kèwén èr
Text Two

（宿舍里。）
(Sùshè li.)

芳婷：阮兰，去 重庆 的 火车票 你 买了 吗？
Fāng Tíng Ruǎn Lán, qù Chóngqìng de huǒchēpiào nǐ mǎile ma?

阮兰：幸好 你 前 几 天 提醒了 我。我 昨天
Ruǎn Lán Xìnghǎo nǐ qián jǐ tiān tíxǐngle wǒ. Wǒ zuótiān

去 买 了。谢谢 你。
qù mǎi le. Xièxie nǐ.

芳婷：客气 了。那 你 现在 在 查 什么？
Fāng Tíng Kèqi le. Nà nǐ xiànzài zài chá shénme?

阮兰：我 现在 在 铁路 12306 上面 查 从 重庆 去 上海
Ruǎn Lán Wǒ xiànzài zài tiělù shàngmiàn chá cóng Chóngqìng qù Shànghǎi

的 火车票。
de huǒchēpiào.

芳婷：铁路 12306？那 是 什么？
Fāng Tíng Tiělù ? Nà shì shénme?

阮兰：李雪 昨天 告诉 我 买 票 不 一定 要 亲自 去
Ruǎn Lán Lǐ Xuě zuótiān gàosu wǒ mǎi piào bù yídìng yào qīnzì qù

火车站，网上 买 就 可以 了。铁路 12306 就 是
huǒchēzhàn, wǎngshang mǎi jiù kěyǐ le. Tiělù jiù shì

铁路 运输 公司 的 官方 应用 程序。
tiělù yùnshū gōngsī de guānfāng yìngyòng chéngxù.

芳婷：原来 如此。怎么 操作 呢？
Fāng Tíng Yuánlái rúcǐ. Zěnme cāozuò ne?

阮兰：你 看，首先 需要 注册，你 必须 使用 真实 的
Ruǎn Lán Nǐ kàn, shǒuxiān xūyào zhùcè, nǐ bìxū shǐyòng zhēnshí de

身份 信息 才 可以。注册 成功 后，你 就 可以
shēnfèn xìnxī cái kěyǐ. Zhùcè chénggōng hòu, nǐ jiù kěyǐ

zài zhèlǐ shūrù chūfā chéngshì hé dàodá chéngshì, bìngqiě xuán hǎo
在 这里 输入 出发 城市 和 到达 城市，并且 选好

rìqī, diǎnjī "cháxún chēpiào", jiéguǒ lièbiǎo jiù
日期，点击 "查询 车票"，结果 列表 就

chūlái le.
出来 了。

Fāng Tíng　Zhēn de hěn fāngbiàn.
芳婷：真 的 很 方便。

Ruǎn Lán　Shì de. Nǐ zhǐ xūyào zài lièbiǎo li xuán hǎo chēcì, ránhòu
阮兰：是 的。你 只 需要 在 列表 里 选好 车次，然后

gēnjù tíshì tíjiāo dìngdān jiù hǎo le.
根据 提示 提交 订单 就 好 了。

Fāng Tíng　Xià cì wó yě shì yi shì.
芳婷：下 次 我 也 试 一 试。

(In the dormitory.)

Fang Ting：Ruan Lan, have you bought ticket to Chongqing?

Ruan Lan：Luckily, you reminded me a few days ago. I bought it yesterday. Thank you.

Fang Ting：You are welcome. What are you searching for now?

Ruan Lan：I'm searching for the ticket from Chongqing to Shanghai on Railway 12306 app.

Fang Ting：Railway 12306. What is it?

Ruan Lan：Yesterday Li Xue told me that I don't have to buy a train ticket at the train station in person. Instead, I can buy it online. Railway 12306 is the official application of the railway transport company.

Fang Ting：I see. How do I use it?

Ruan Lan：Look, you should register first with your true basic information. After you have registered, you can type your departure city and destination here, choose the date, and click "search" afterwards, the train list will come out.

Fang Ting：It's really convenient.

Ruan Lan：Yes. You just choose the train number you want in the list and then submit your order according to the hint.

Fang Ting：I will try it next time.

kèwén shēngcí èr
课文 生词（二）
New Words Two

xìnghǎo
1. 幸好 *adv.* luckily

yìngyòng chéngxù
2. 应用 程序 *n.* application

qīnzì
3. 亲自 *adv.* in person

guānfāng
4. 官方 *adj.* official

cāozuò
5. 操作 *v.* use, operate

zhùcè
6. 注册 *v.* register

zhēnshí
7. 真实 *adj.* true, real

cháxún
8. 查询 *v.* search

chēcì
9. 车次 *m.* train number

gēnjù
10. 根据 *conj.* according to

▶ 音 频 ◀

dì èr bùfen　jiāojì　gōngnéngjù
第二部分 交际功能句
Part Two　Communicative Functional Sentences

一、
wèn piàojià
问票价
Asking about the Ticket Price

Yìngwò duōshao qián?
1. 硬卧 多少 钱？

Ruǎnwò xiàpù duōshao qián?
2. 软卧 下铺 多少 钱？

▶ 音频 ◀

二、
xúnwèn
询问
Enquiry

Ní xuán nǎ yí tàng?
1. 你 选 哪 一 趟？

Yìngzuò, yìngwò hái shi ruǎnwò?
2. 硬座、硬卧 还 是 软卧？

Hái yǒu bié de piào ma?
3. 还 有 别 的 票 吗？

Ruǎnwò hái yǒu, yào ma?
4. 软卧 还 有，要 吗？

Néng shuā Zhīfùbǎo ma?
5. 能 刷 支付宝 吗？

Zěnme cāozuò ne?
6. 怎么 操作 呢？

▶ 音频 ◀

三、
jiěshì shuōmíng
解释 说明
Explanation

Tiělù jiù shì tiělù yùnshū gōngsī de guānfāng yìngyòng chéngxù.
1. 铁路 12306 就 是 铁路 运输 公司 的 官方 应用 程序。

▶ 音频 ◀

2. 首先 需要 注册，你 必须 使用 真实 的 身份 信息 才 可以。注册 成功

后，你 就 可以 在 这里 输入 出发 城市 和 到达 城市，并且 选 好 日期，

点击"查询 车 票"，结果 列表 就 出来 了。

3. 你 只 需要 在 列表 里 选 好 车次，然后 根据 提示 提交 订单 就 好 了。

dì sān bùfen　liànxí
第三部分　练习
Part Three　Exercises

fāyīn liànxí
一、发音 练习
Pronunciation Practice

piào　　　qù Chóngqìng de piào　　　yuè　hào qù Chóngqìng de piào
1. 票　　　去 重庆 的 票　　　2月3号去 重庆 的 票

Wǒ yào yì zhāng yuè　hào qù Chóngqìng de piào.
我 要一张 2月3号去 重庆 的 票。

nǎ　　　　nǎ yí tàng　　　xuán nǎ yí tàng　　　Nǐ xuán nǎ yí tàng?
2. 哪　　　哪一趟　　　选 哪一趟　　　你 选 哪一趟?

piào　　　bié de piào　　　Hái yǒu bié de piào ma?
3. 票　　　别 的 票　　　还有 别 的 票 吗?

yǒu　　　hái yǒu　　　ruǎnwò hái yǒu　　　Ruǎnwò hái yǒu,　yào ma?
4. 有　　　还有　　　软卧 还有　　　软卧 还有,要 吗?

shuā　　　shuā Zhīfùbǎo　　　Néng shuā Zhīfùbǎo ma?
5. 刷　　　刷 支付宝　　　能 刷 支付宝 吗?

nà　　　nà shì shénme　　　Nà shì shénme yìngyòng chéngxù?
6. 那　　　那 是 什么　　　那 是 什么 应用 程序?

zěnme　　　zěnme cāozuò　　　Zěnme cāozuò ne?
7. 怎么　　　怎么 操作　　　怎么 操作 呢?

yìngyòng chéngxù　　　　shì tiělù yùnshū gōngsī de guānfāng yìngyòng chéngxù
8. 应用 程序　　　是 铁路 运输 公司 的 官方 应用 程序

Tiělù　　　jiù shì tiělù yùnshū gōngsī de guānfāng yìngyòng chéngxù.
铁路 12306 就 是 铁路 运输 公司 的 官方 应用 程序。

tìhuàn cíyǔ shuō jùzi
二、替换 词语 说 句子
Replace the words and then read the sentences

Wǒ yào yì zhāng yuè　hào qù Chóngqìng de piào.
1. 我 要一张 2月3号去 重庆 的 票。

▶ 音频 ◀

Chéngdū	Běijīng	Shànghǎi	Hénèi	Màngǔ
成都	北京	上海	河内	曼谷

Nǐ xuán nǎ yí tàng?
2. 你选哪一趟?

gè	bēi	jiàn
个	杯	件

Yìngwò duōshao qián?
3. 硬卧 多少 钱?

yìngzuò	ruǎnwò	yī děng zuò	èr děng zuò
硬座	软卧	一等座	二等座

Hái yǒu bié de piào ma?
4. 还有别的票吗?

cài	shuǐguǒ	lù	gōngjiāochē	yào
菜	水果	路	公交车	药

Néng shuā Zhīfùbǎo ma?
5. 能 刷 支付宝 吗?

Wēixin	yínhángkǎ	xìnyòngkǎ
微信	银行卡	信用卡

三、选词 填空
xuǎncí tiánkòng
Fill in the Gaps

Xiān dúlì tiánxiě dáàn, ránhòu tīng lùyīn héshí suó xiě de dáàn shìfǒu zhèngquè.
先独立 填写 答案，然后 听 录音 核实 所写 的 答案 是否 正确。

Fill in the answers first and listen to the recording afterwards to check if the answers are right.

▶ 音频 ◀

rìqī	ruǎnwò zhōngpù	chūfā	tiělù
日期	软卧 中铺	出发	铁路 12306
zhùcè	yuè hào	hái shi	xìnyòngkǎ
注册	6月8号	还 是	信用卡

Wǒ yào yì zhāng　　　　　qù Běijīng de ruǎnwòpiào.
1. 我要 一 张 (　　　　　) 去 北京 的 软卧票。

2. A：软卧 上铺 和 下铺 没有 了。（ 　　　　　 ）还 有，要 吗？420 元
一 张。

B：太贵 了。那 我（ 　　　　　 ）要 硬卧 下铺 吧。

3. 能 刷（ 　　　　　 ）吗？

4. （ 　　　　　 ）就是 铁路 运输 公司 的 官方 应用 程序。

5. 铁路 12306 首先 需要 进行（ 　　　　　 ）。

6. 你 可以 在 这里 输入（ 　　　　　 ）城市 和 到达 城市，并且 选好
（ 　　　　　 ），点击 "查询 车票"，结果 列表 就 出来 了。

四、听 录音，完成 以下 对话

Listen to the recording and complete the following dialogue

1. A：您 好！＿＿＿＿＿＿＿。

B：上午 8:30 有 一 趟，9:15 有 一 趟，10:35 也
有 一 趟。＿＿＿＿＿＿？

2. A：＿＿＿＿＿＿？

B：下铺 420 元，上铺 和 中铺 360 元。下铺＿＿＿＿＿＿。

3. A：＿＿＿＿＿＿？

B：硬卧 上铺 还 有，要 吗？270 元。

A：太贵 了。那 我 还 是 要＿＿＿＿＿＿吧。

4. A：_____？

        Kéyǐ.
   B：可以。

jiāojì rènwu
五、**交际 任务**
Communicative Task

Gēnjù běn kè suǒ xué nèiróng hé xiàliè tíshì, tóng nǐ de tóngzhuō fēnbié bànyǎn shòupiàoyuán hé
根据 本 课 所 学 内容 和 下列 提示，同 你 的 同桌 分别 扮演 售票员 和

mǎi piào de rén, zǔchéng duìhuà.
买 票 的 人，组成 对话。

According to the content you have learnt from this lesson, discuss the role-played by the staff at the ticket office and the ticket buyer with your deskmate and make a dialogue.

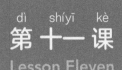

dì shíyī kè
第 十一 课
Lesson Eleven

yùdìng zhùsù
预订 住宿
Book Recommendations

▶ 音频 ◀

rèshēn huódòng
热身 活动 Warming-up

Nǐ zài Zhōngguó yùdìng guò jiǔdiàn ma? Rúguǒ yùdìngguò, nǐ shì zěnme
你 在 中国 预订 过 酒店 吗？如果 预订过，你 是 怎么

hé jiǔdiàn gōngzuò rényuán jiāoliú de?
和 酒店 工作 人员 交流 的？

Have you booked hotel in China? If you have, how did you communicate with the

hotel staff?

dì yī bùfen kèwén
第 一 部分 课文
Part One Texts

kèwén yī

课文（一）
Text One

(Ruǎn Lán hé Chén Shān zài jiàoshì liáotiān.)
（阮兰和陈山在教室聊天。）

Chén Shān Tīngshuō Chūnjié nǐ yào qù Chóngqìng?
陈山：听说 春节 你 要 去 重庆？

Ruǎn Lán Shì de. Huǒchēpiào wǒ dōu yǐjīng mǎi hǎo le.
阮兰：是的。火车票 我 都 已经 买 好 了。

Chén Shān Nà zhùsù nǐ yùdìngle ma?
陈山：那 住宿 你 预订 了 吗？

Ruǎn Lán Zhè gè méiyǒu, wǒ kàn Zhōngguó jiǔdiàn nàme duō, dàole Chóngqìng
阮兰：这个 没有，我 看 中国 酒店 那么 多，到了 重庆

zài shuō ba.
再 说 吧。

Chén Shān Wǒ jiànyì nǐ hái shi yùdìng yíxià ba. Yīnwèi Chūnjié rén
陈山：我 建议 你 还是 预订 一下 吧。因为 春节 人

tèbié duō, dào shíhòu dìng kǒngpà jiù méiyǒu le.
特别 多，到 时候 订 恐怕 就 没有 了。

Ruǎn Lán Nǐ shuō de yǒu dàolǐ.
阮兰：你 说 得 有 道理。

Chén Shān Nǐ kéyǐ dào Mǎfēngwō、 Qùnǎr hái yǒu Xiéchéng shàngmian
陈山：你 可以 到 马蜂窝、去哪儿 还 有 携程 上面

kànkan, shàngmian duì mínsù, jiǔdiàn děng dōu yǒu pínglùn, nǐ
看看，上面 对 民宿、酒店 等 都 有 评论，你

kéyǐ kànkan pínglùn zài xuǎn.
可以 看看 评论 再 选。

Ruǎn Lán Xièxie. Nà jiǔdiàn hé mínsù nǎ ge gèng hǎo ne?
阮兰：谢谢。那 酒店 和 民宿 哪个 更 好 呢？

Chén Shān Zhōngguó de mínsù hén yǒu dāngdì tèsè, érqiě jiàgé piányi.
陈山：中国 的 民宿 很 有 当地 特色，而且 价格 便宜。

音频

Jiǔdiàn ne, gèng háohuá yìxiē.
酒店 呢，更 豪华 一些。

Ruǎn Lán Nà wǒ hái shi dìng mínsù ba, zhèyàng jì kěyǐ jiéyuē qián,
阮兰：那 我 还 是 订 民宿 吧，这样 既 可以 节约 钱，

yòu kěyǐ gǎnshòu dāngdì tèsè.
又 可以 感受 当地 特色。

(Ruan Lan and Chen Shan are chatting in the classroom.)

Chen Shan：I have heard that you are going to Chongqing at the Spring Festival.

Ruan Lan：Yes. I have already bought a train ticket.

Chen Shan：Have you booked an accommodation?

Ruan Lan：Not yet. There are so many hotels in China. I will think about it when I reach Chongqing.

Chen Shan：I suggest that you book it in advance. As there are many people during the Spring Festival, I'm afraid there will be no accommodation available.

Ruan Lan：You are right.

Chen Shan：You can have a look on Mafengwo app, Qunar app and Xiechen app. There are many comments on homestay and hotel on these App. You can make choices after go through them.

Ruan Lan：Thank you. Which one is better between homestay and hotel?

Chen Shan：The homestay is with local characteristics and cheap while the hotel is more luxury.

Ruan Lan：I would like to book homestay as the price is good and I can feel the local characteristics.

音频

jiǔdiàn
1. 酒店　*n.* hotel

yùdìng
2. 预订　*v.* book

kǒngpà
3. 恐怕　*v.* be afraid of

mínsù
4. 民宿　*n.* homestay

pínglùn
5. 评论　*n.* comment

dāngdì
6. 当地　*adj.* local

tèsè
7. 特色　*n.* characteristic

háohuá
8. 豪华　*adj.* luxury

jiéyuē
9. 节约　*v.* save

kèwén èr
课文（二）
Text Two

音频

(Ruǎn Lán zài sùshè gěi xióngmāo mínsù dǎ diànhuà.)
（阮兰在宿舍给熊猫民宿打电话。）

Ruǎn Lán　Nín hǎo!　Qǐng wèn　shì　xióngmāo
阮兰：您 好！请 问 是 熊猫

mínsù ma?
民宿 吗?

qiántái fúwùyuán　Shì de.　Qǐng wèn yǒu shénme xūyào ma?
前台服务员：是 的。请 问 有 什么 需要 吗?

阮兰：我想预订一间单人间。2月5日入住。

前台服务员：您稍等。我刚查了一下2月5日有单人间，168元一晚。请问您打算住几天？

阮兰：住两天。请问房费包含早餐吗？

前台服务员：包含早餐的。早餐时间是7:00到9:00。就餐地点在二楼餐厅。

阮兰：好的。房间有基本日用品吗？

前台服务员：有的。房间里有一次性牙膏、牙刷、拖鞋等，都是免费的。房间里也有当地小吃，但是是要收费的。

阮兰：懂了。请问需要交押金吗？

前台服务员：需要的。您入住时只需交100元押金就行，等退房时再退还给您。

阮兰：好的。谢谢。

前台服务员：不客气。

(Ruan Lan is calling Panda Homestay in the dormitory.)

Ruan Lan： Hello! Is it Panda Homestay?

Receptionist： Yes. What can I do for you?

Ruan Lan： I want to book a single room. I will check in on 5th February.

Receptionist： Hold on. I just confirmed that there is a single room available on 5th February, 168 yuan per night. How many days would you like to stay?

Ruan Lan： Two days. Could I ask if the room rate includes breakfast?

Receptionist： Yes. The breakfast time is 7:00 a.m. to 9:00 a.m. The dining room is on the second floor.

Ruan Lan： OK. Are there any basic supplies in the room?

Receptionist： Yes. There are disposable toothpaste, toothbrush, slippers and so on. All of above basic supplies are free. There are local snacks as well but they need to be paid.

Ruan Lan： I see. Should I pay deposit, please?

Receptionist： Yes, you should pay 100 yuan returnable deposit when you check in, and it will be given back to you when you checked out, if there is no any damage or consumption of the snacks in the room.

Ruan Lan： OK. Thank you.

Receptionist： You are welcome.

课文 生词（二）
kèwén　shēngcí　èr
New Words Two

1. 间 *num.* the smallest unit of a house
jiān

2. 稍等 *VP.* hold on, wait a moment, just a moment
shāoděng

3. 房费 *n.* room rate
fángfèi

4. 早餐 *n.* breakfast
zǎocān

5. 就餐 *VP.* have food
jiùcān

6. 餐厅 *v.* dining room
cāntīng

7. 牙膏 *n.* toothpaste
yágāo

8. 牙刷 *n.* toothbrush
yáshuā

9. 拖鞋 *n.* slipper
tuōxié

10. 小吃 *n.* snack
xiǎochī

11. 押金 *n.* deposit
yājīn

▶ 音频 ◀

第二部分　交际功能句
dì　èr　bùfen　jiāojì　gōngnéngjù

Part Two　Communicative Functional sentences

一、询问 xúnwèn
Enquiry

▶ 音频 ◀

Nà zhùsù nǐ yùdìngle ma?
1. 那 住宿 你 预订了 吗?

Nà jiǔdiàn hé mínsù nǎge gèng hǎo ne?
2. 那 酒店 和 民宿 哪个 更 好 呢?

Qǐng wèn shì xióngmāo mínsù ma?
3. 请 问 是 熊猫 民宿 吗?

Qǐng wèn yǒu shénme xūyào ma?
4. 请 问 有 什么 需要 吗?

Qǐng wèn fángfèi bāohán zǎocān ma?
5. 请 问 房费 包含 早餐 吗?

Fángjiān yǒu jīběn rìyòngpǐn ma?
6. 房间 有 基本 日用品 吗?

Qǐng wèn xūyào jiāo yājīn ma?
7. 请 问 需要 交 押金 吗?

二、建议 jiànyì
Proposal

▶ 音频 ◀

Wǒ jiànyì nǐ hái shi yùdìng yíxià ba. Yīnwèi Chūnjié rén tèbié duō,
1. 我 建议 你 还是 预订 一下 吧。因为 春节 人 特别 多,

dào shíhou dìng kǒngpà jiù méiyǒu le.
到 时候 订 恐怕 就 没有 了。

Nǐ kéyǐ dào Mǎfēngwō, Qùnǎr hái yǒu Xiéchéng shàngmian kànkan, shàngmian
2. 你 可以 到 马蜂窝、去哪儿 还有 携程 上面 看看,上面

duì mínsù, jiǔdiàn děng dōu yǒu pínglùn, nǐ kéyǐ kànkan pínglùn zàixuǎn.
对 民宿、酒店 等 都有 评论,你 可以 看看 评论 再选。

三、  解释 说明
jiěshì shuōmíng
Explanation

1. <ruby>中国<rt>Zhōngguó</rt></ruby> 的 民宿 很 有 当地 特色，而且 价格 便宜。酒店 呢，
Zhōngguó de mínsù hén yǒu dāngdì tèsè, érqiě jiàgé piányi. Jiǔdiàn ne,

更 豪华 一些。
gèng háohuá yìxiē.

▶ 音频 ◀

2. 早餐 时间 是 7:00 到 9:00。就餐 地点 在 二 楼 餐厅。
Zǎocān shíjiān shì qī diǎn dào jiǔ diǎn. Jiùcān dìdiǎn zài èr lóu cāntīng.

3. 房间 里 有 一次性 牙膏、牙刷、拖鞋 等，都 是 免费 的。房间 里 也 有
Fángjiān li yǒu yícìxìng yágāo, yáshuā, tuōxié děng, dōu shì miǎnfèi de. Fángjiān li yě yǒu

当地 小吃，但是 是 要 收费 的。
dāngdì xiǎochī, dànshì shì yào shōufèi de.

4. 您 入住 时 只 需 交 100元 押金 就 行，等 退 房 时 再 退还 给 您。
Nín rùzhù shí zhǐ xū jiāo yuán yājīn jiù xíng, děng tuì fáng shí zài tuìhuán gěi nín.

第三部分　练习
dì sān bùfen　liànxí

Part Three　Exercises

一、发音 练习
fāyīn liànxí
Pronunciation Practice

hǎo　　gèng hǎo　　nǎge gèng hǎo　　　Nà jiǔdiàn hé mínsù nǎge gèng hǎo ne?
1. 好　　更 好　　哪个 更 好　　那 酒店 和 民宿 哪个 更 好 呢?

xūyào　　yǒu shénme xūyào　　Qǐng wèn yǒu shénme xūyào ma?
2. 需要　　有 什么 需要　　请 问 有 什么 需要 吗?

zǎocān　　bāohán zǎocān　　fángfèi bāohán zǎocān
3. 早餐　　包含 早餐　　房费 包含 早餐

Qǐng wèn fángfèi bāohán zǎocān ma?
请 问 房费 包含 早餐 吗?

rìyòngpǐn　　jīběn rìyòngpǐn　　Fángjiān yǒu jīběn rìyòngpǐn ma?
4. 日用品　　基本 日用品　　房间 有 基本 日用品 吗?

jiāo　　jiāo yājīn　　xūyào jiāo yājīn　　Qǐng wèn xūyào jiāo yājīn ma?
5. 交　　交 押金　　需要 交 押金　　请 问 需要 交 押金 吗?

duō　　tèbié duō　　rén tèbié duō　　Chūnjié rén tèbié duō.
6. 多　　特别 多　　人 特别 多　　春节 人 特别 多。

▶ 音频 ◀

二、替换 词语 说 句子
tìhuàn cíyǔ shuō jùzi
Replace the words and then read the sentences

Nà zhùsù nǐ yùdìngle ma?
1. 那 住宿 你 预订了 吗?

jīpiào　　　　huǒchēpiào　　　　ménpiào　　　　diànyǐngpiào
机票　　　　火车票　　　　门票　　　　电影票

Nà jiǔdiàn hé mínsù nǎge gèng hǎo ne?
2. 那 酒店 和 民宿 哪个 更 好 呢?

kělè　　guǒzhī
可乐　　果汁

kùzi　　qúnzi
裤子　　裙子

▶ 音频 ◀

bāozi　mántou
包子　馒头

Fángjiān yǒu jīběn rìyòngpǐn ma?
3. 房间 有 基本 日用品 吗?

yícìxìng yágāo　tuōxié　　　xǐfàshuǐ　　　mùyùyè
一次性 牙膏　拖鞋　　　洗发水　　　沐浴液

kuàngquánshuǐ　　wúxiàn wǎngluò　　máojīn
矿泉水　　　　无线 网络　　　毛巾

Nǐ　kéyǐ dào Mǎfēngwō shàngmian kànkan.
4. 你 可以 到 马蜂窝 上面 看看。

Qùnǎr　　　Xiéchéng　　　Fēizhū
去哪儿　　　携程　　　飞猪

三、选词 填空
Fill in the Gaps

Xiān dúlì tiánxiě dáàn,　ránhòu tīng lùyīn héshí suó xiě de dáàn shìfǒu zhèngquè.
先 独立 填写 答案,然后 听 录音 核实 所写 的 答案 是否 正确。

Fill in the answers first and listen to the recording afterwards to
check if the answers are right.

▶ 音频 ◀

yágāo　yáshuā	zǎocān	jiéyuē qián	rùzhù	zhùsù	mínsù	dānrénjiān
牙膏、牙刷	早餐	节约 钱	入住	住宿	民宿	单人间

Tīngshuō Chūnjié nǐ yào qù Chóngqìng? Nà　　　　　　　　nǐ yùdìng le ma?
1. 听说 春节 你 要 去 重庆? 那（　　　　　　）你 预订 了 吗?

Dìng　　　　　　　　jì kéyǐ　　　　　　　, yòu kéyǐ gǎnshòu dāngdì tèsè.
2. 订（　　　　　）既 可以（　　　　　　），又 可以 感受 当地 特色。

Nín hǎo! Qǐng wèn shì xióngmāo mínsù ma? Wó xiǎng yùdìng yì jiān
3. 您 好! 请 问 是 熊猫 民宿 吗? 我 想 预订 一 间（　　　　　　）。

yuè　rì
2 月 5 日（　　　　　）。

Qǐng wèn fángfèi bāohán　　　　　　ma?
4. 请 问 房费 包含（　　　　）吗?

Fángjiān li yǒu miǎnfèi de yícìxìng　　　　　, tuōxié děng.
5. 房间 里 有 免费 的 一次性（　　　　　）、拖鞋 等。

四、 tīng lùyīn, wánchéng yǐxià duìhuà
听 录音，完成 以下 对话
Listen to the recording and complete the following dialogue

1. A：Tīngshuō shǔjià nǐ yào qù Shànghǎi? Nà zhùsù nǐ le ma?
听说 暑假 你 要 去 上海? 那 住宿 你＿＿＿＿＿了 吗?

   B：Méiyǒu, dàole Shànghǎi zài shuō ba.
没有，到了 上海 再 说 吧。

2. A：Jiǔdiàn hé mínsù nǎge gèng hǎo ne?
酒店 和 民宿 哪个 更 好 呢?

   B：Wǒ jiànyì nǐ
我 建议 你＿＿＿＿＿。

3. A：Nín hǎo! Qǐng wèn shì jiàrì jiǔdiàn ma? Wǒ xiǎng yùdìng yì jiān dānrénjiān.
您好! 请 问 是 假日 酒店 吗? 我 想 预订 一 间 单人间。＿＿＿＿＿

   rùzhù.
入住。

   B：Nín shāoděng. yuè rì yǒu dānrénjiān,
您 稍等。7月 15 日 有 单人间，＿＿＿＿＿。

4. A：Qǐng wèn nín dǎsuàn zhù jǐ tiān?
请 问 您 打算 住 几 天?

   B：Wǒ dǎsuàn Xièxie.
我 打算＿＿＿＿＿。谢谢。

5. A：Qǐng wèn fángfèi bāohán zǎocān ma?
请 问 房费 包含 早餐 吗?

   B：Bùhǎoyìsi, fángfèi zǎocān.
不好意思，房费＿＿＿＿＿早餐。

6. A：Qǐng wèn xūyào ma?
请 问 需要＿＿＿＿＿吗?

   B：Nín rùzhù shí xūyào jiāo yuán yājīn.
您 入住 时 需要 交 100 元 押金。

五、 jiāojì rènwu
交际 任务
Communicative Task

Gēnjù běn kè suǒ xué nèiróng hé suǒgěi tíshì, yú nǐ de tóngzhuō fēnbié bànyǎn dìng mínsù de rén
根据 本 课 所学 内容 和 所给 提示，与 你 的 同桌 分别 扮演 订 民宿 的 人

hé mínsù gōngzuò rényuán,   zǔchéng duìhuà.
和 民宿 工作 人员，组成 对话。

According to the content you have learnt from this lesson and the given tips, make a dialogue with your deskmate, acting the guest and the staff of the homestay.

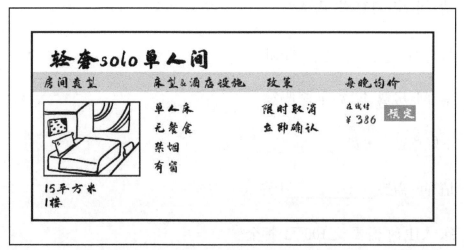

第十二课 Lesson Twelve
dì shí'èr kè

mǎi fēijīpiào
买飞机票
Book an Air Ticket

▶ 音频 ◀

rèshēn huódòng
热身活动 Warming-up

Nǐ tōngguò diànhuà yùdìngguò fēijīpiào huòzhě gǎiqiānguò fēijīpiào ma?
你通过电话预订过飞机票或者改签过飞机票吗?

Rúguǒ yǒu, nǐ shì zěnme hé hángkōng gōngsī gōngzuò rényuán jiāoliú de?
如果有,你是怎么和航空公司工作人员交流的?

Have you once booked an air ticket or changed flight schedule via phone in Chinese? If you have, how did you communicate with the airlines staff?

dì yī bùfen kèwén
第一部分 课文
Part One Texts

（Fāng Tíng zài sùshè gěi Sìchuān Hángkōng Gōngsī dǎ diànhuà
（芳婷在宿舍给四川航空公司打电话

dìng jīpiào.）
订机票。）

音频

Fāng Tíng　Nín hǎo! Qǐng wèn shì Sìchuān Hángkōng ma?
芳婷：您好！请问是四川航空吗？

gōngzuò rén yuán　Shì de. Qǐng wèn yǒu shénme kéyǐ wèi nín fúwù?
工作人员：是的。请问有什么可以为您服务？

Fāng Tíng　Wó xiǎng mǎi yì zhāng yuè rì Chéngdū fēi Màngǔ de jīpiào.
芳婷：我想买一张2月5日成都飞曼谷的机票。

gōngzuò rényuán　Hǎo de. Xiànzài cháxúndào yuè rì Chéngdū fēi Màngǔ gòng
工作人员：好的。现在查询到2月5日成都飞曼谷共

yǒu liǎng tàng. Yí tàng zhífēi, xiàwǔ shíwǔ diǎn èrshíwǔ zài Chéngdū
有两趟。一趟直飞，下午 15:25 在成都

Shuāngliú Guójì Jīchǎng qǐfēi, wǎnshang shíbā diǎn dàodá
双流国际机场起飞，晚上18:00到达

Suǒwànnàpǔ Jīchǎng. Lìngwài yí tàng xūyào zài Shànghǎi
索万那普机场。另外一趟需要在上海

zhuǎnjī, wǎnshang shíjiǔ diǎn wǔshí zài Chéngdū Shuāngliú Guójì Jīchǎng
转机，晚上 19:50 在成都双流国际机场

qǐfēi, língchén líng diǎn èrshíwǔ dàodá Suǒwànnàpǔ Jīchǎng.
起飞，凌晨 00:25 到达索万那普机场。

Fāng Tíng　Qǐng wèn xiàwǔ zhífēi nà yí tàng duōshao qián ne?
芳婷：请问下午直飞那一趟多少钱呢？

gōngzuò rényuán　Xiàwǔ shíwǔ diǎn èrshíwǔ Chéngdū Shuāngliú Guójì Jīchǎng zhífēi
工作人员：下午 15:25 成都双流国际机场直飞

Suǒwànnàpǔ Jīchǎng, piàojià yuán.
索万那普机场，票价1250元。

Fāng Tíng　Qǐng wèn xíngli guīdìng shì shénme ne?
芳婷：请问行李规定是什么呢？

gōngzuò rényuán
工作人员：可以免费托运一件 23 千克的行李。行李
的长、宽、高之和不超过 158 厘米。同时，
可以手提一件不超过 5 千克的行李
登机。行李的长、宽、高之和不超过 115
厘米。

Fāng Tíng
芳婷：好的。那我就订这一趟航班。

gōngzuò rényuán
工作人员：请说一下您的护照信息和联系电话。

Fāng Tíng
芳婷：姓名 Kaewsri Kwankamon，护照号
×××××××，电话 182××××5767。

gōngzuò rényuán
工作人员：好的。航班信息和付款链接稍后将发送到
182××××5767 手机号上。请您在 24 小时
内付款，否则系统将自动取消您的航班。

Fāng Tíng
芳婷：好的，谢谢。

(Fang Ting is calling Sichuan Airlines for booking a ticket.)

Fang Ting：Hello! Is it Sichuan Airlines?

Airline staff：Yes. What can I do for you?

Fang Ting：I want to buy a ticket from Chengdu to Bangkok on

5th February.

Airline staff：OK. There are two flights from Chengdu to Bangkok on 5th February. One is direct flight, which set off from Chengdu Shuangliu International Airport at 15:25 and reach Suvarnabhumi International Airport at 18:00. The other flight need transfer in Shanghai, which set off from Chengdu Shuangliu International Airport at 19:50 and reach Suvarnabhumi International Airport at 00:25.

Fang Ting：How much of the direct flight ?

Airline staff：The price of the flight set off from Chengdu Shuangliu International Airport at 15:25 and reach Suvarnabhumi International Airport is 1250 yuan.

Fang Ting：Could you tell me the baggage states?

Airline staff：You can check in one luaggage with 23kg for free. The sum of the three sides does not exceed 158 centimeters. Besides, you can carry on piece of luggage not exceeding 5kg on board. The sum of the three sides does not exceed 115 centimeters.

Fang Ting：I see. I want to book this flight.

Airline staff：Could you tell me your passport information and contact number?

Fang Ting：Name Kaewsri Kwankamon, passport number ×××××××, and phone number 182××××5767.

Airline staff：The flight information and payment link will be sent to 182××××5767. Please pay in 24 hours or the system will cancel your flight automatically.

Fang Ting：OK, thank you.

kèwén shēngcí yī
课文 生词（一）
New Words One

1. 航空 公司 *n.* airlines
   hángkōng gōngsī

2. 趟 *num.* numbers of interactions
   tàng

3. 起飞 *v.* set off
   qǐfēi

4. 机场 *n.* airport
   jīchǎng

5. 转机 *v.* transfer
   zhuǎnjī

6. 规定 *n.* rules
   guīdìng

7. 托运 *VP.* check in the luggage
   tuōyùn

8. 超过 *v.* exceed
   chāoguò

9. 航班 *n.* flight
   hángbān

10. 链接 *n.* link
    liànjiē

11. 否则 *conj.* otherwise
    fǒuzé

12. 取消 *v.* cancel
    qǔxiāo

▶ 音频 ◀

kèwén èr
课文（二）
Text Two

Fāng Tíng zài sùshè gěi Sìchuān Hángkōng Gōngsī dǎ diànhuà
（芳婷 在 宿舍 给 四川 航空 公司 打 电话

gǎiqiān。
改签。）

▶ 音频 ◀

gōngzuò rényuán Nín hǎo! Zhèlǐ shì Sìchuān Hángkōng Gōngsī, Qǐng wèn yǒu shénme xūyào ma?
工作人员：您好！这里是四川航空公司，请问有什么需要吗？

Fāng Tíng Nín hǎo! Wǒ xiǎng gǎiqiān yíxià wǒ de jīpiào.
芳婷：您好！我想改签一下我的机票。

gōngzuò rényuán Hǎo de, máfan gàozhī yíxià nín de xìngmíng hé hùzhào xìnxī.
工作人员：好的，麻烦告知一下您的姓名和护照信息。

Fāng Tíng Xìngmíng hùzhàohào
芳婷：姓名Kaewsri Kwankamon，护照号×××××××。

gōngzuò rényuán Wǒ zhèlǐ chádào nín yǒu yí tàng yuè rì xiàwǔ shíwǔ diǎn èrshíwǔ cóng Chéngdū Shuāngliú Guójì Jīchǎng zhífēi Suǒwànnàpǔ Jīchǎng de hángbān. Qǐng wèn nín xūyào gǎiqiān dào shénme shíhou ne?
工作人员：我这里查到您有一趟2月5日下午15:25从成都双流国际机场直飞索万那普机场的航班。请问您需要改签到什么时候呢？

Fāng Tíng Wǒ xiǎng gǎiqiāndào yuè rì xiàwǔ de zhè yí tàng.
芳婷：我想改签到2月6日下午的这一趟。

gōngzuò rényuán Hǎo de. Xiàmian gēn nín quèrèn yíxià. Nín jiāng yuè rì xiàwǔ shíwǔ diǎn èrshíwǔ cóng Chéngdū Shuāngliú Guójì Jīchǎng zhífēi Suǒwànnàpǔ Jīchǎng de hángbān gǎiwéi yuè rì xiàwǔ shíwǔ diǎn èrshíwǔ cóng Chéngdū Shuāngliú Guójì Jīchǎng zhífēi
工作人员：好的。下面跟您确认一下。您将2月5日下午15:25从成都双流国际机场直飞索万那普机场的航班改为2月6日下午15:25从成都双流国际机场直飞

Suǒwànnàpǔ Jīchǎng de hángbān, duì ma?
索万那普 机场 的 航班, 对 吗?

Fāng Tíng　Shì de. Qǐng wèn gǎiqiānfèi shì duōshao?
芳 婷: 是 的。请 问 改签费 是 多少?

gōngzuò rényuán　Gǎiqiān shǒuxùfèi yuán. Hángbān xìnxī hé fùkuǎn liánjiē
工 作 人 员: 改签 手续费 200 元。航班 信息 和 付款 链接

shāohòu jiāng fāsòngdào shǒujīhào shang.
稍后 将 发送到 182××××5767 手机号 上。

Qǐng nín zài xiǎoshí nèi fùkuǎn, fǒuzé xìtǒng jiāng zìdòng
请 您 在 24 小时 内 付款, 否则 系统 将 自动

qǔxiāo nín de gǎiqiān.
取消 您 的 改签。

Fāng Tíng　Hǎo de, xièxie.
芳 婷: 好 的, 谢谢。

(Fang Ting is calling Sichuan Airlines for rescheduling.)

Airline staff: Hello! This is Sichuan Airlines. What can I do for you?

Fang Ting: Hello! I want to change my air ticket.

Airline staff: OK. Please tell me your name and passport information.

Fang Ting: Name is Kaewsri Kwankamon and passport number is ×××××××.

Airline staff: It is showing that you have a flight from Chengdu Shuangliu International Airport at 15:25 and reach Suvarnabhumi International Airport at 18:00 on 5th February. What time do you want to change to?

Fang Ting: I want to change it to 6th February.

Airline staff：OK. Let me confirm it with you. You want to change your flight from Chengdu Shuangliu International Airport at 15:25 and reach Suvarnabhumi International Airport at 18:00 on 5th February to 6th February, is it right?

Fang Ting：It is right. How much of the service fee?

Airline staff：The service fee is 200 yuan. The flight information and payment link will send to 182××××5767. Please pay in 24 hours or the system will cancel your flight change automatically.

Fang Ting：OK, thank you.

kèwén shēngcí èr
课文 生词（二）
New Words Two

gǎiqiān
1. 改签 v. change

gàozhī
2. 告知 v. inform

chádào
3. 查到 v. find out

qiānfèigǎi
4. 改签费 n. change fee

shǒuxùfèi
5. 手续费 n. service fee

gǎiwéi
6. 改为 v. change to

▶ 音频 ◀

第二部分 交际功能句
Part Two Communicative Functional sentences

一、告知 需求
Informing Demand

gàozhī xūqiú

Wǒ xiáng mǎi yì zhāng yuè rì Chéngdū fēi Màngǔ de jīpiào.
1. 我 想 买一张2月5日 成都 飞 曼谷 的 机票。

Nà wǒ jiù dìng zhè yí tàng hángbān.
2. 那我 就 订 这一 趟 航班。

Wó xiǎng gǎiqiān yíxià wǒ de jīpiào.
3. 我 想 改签 一下 我 的 机票。

Wó xiǎng gǎiqiāndào yuè rì xiàwǔ de zhè yí tàng.
4. 我 想 改签到2月6日 下午 的 这一 趟。

Qǐng shuō yíxià nín de hùzhào xìnxī hé liánxì diànhuà.
5. 请 说 一下 您 的 护照 信息 和 联系 电话。

▶ 音 频 ◀

二、说明
Explanation

shuōmíng

Xiànzài cháxúndào yuè rì Chéngdū fēi Màngǔ gòng yǒu liǎng tàng. Yí tàng
1. 现在 查询到 2月5日 成都 飞 曼谷 共 有 两 趟。一 趟

zhífēi, xiàwǔ shíwǔ diǎn èrshíwǔ Chéngdū Shuāngliú Guójì Jīchǎng qǐfēi, wǎnshang
直飞，下午 15:25 成都 双流 国际 机场 起飞，晚上

shíbā diǎn dàodá Suǒwànnàpǔ Jīchǎng. Lìngwài yí tàng xūyào zài Shànghǎi zhuǎnjī,
18:00 到达 索万那普 机场。另外 一 趟 需要 在 上海 转机，

wǎnshang shíjiǔ diǎn wǔshí Chéngdū Shuāngliú Guójì Jīchǎng qǐfēi, língchén líng diǎn èrshíwǔ dàodá Suǒwànnàpǔ
晚上 19:50 成都 双流 国际 机场 起飞，凌晨 00:25 到达 索万那普

Jīchǎng.
机场。

Xiàwǔ shíwǔ diǎn èrshíwǔ Chéngdū Shuāngliú Guójì Jīchǎng zhífēi Suǒwànnàpǔ Jīchǎng, piàojià yuán.
2. 下午 15:25 成都 双流 国际 机场 直飞 索万那普 机场，票价 1250 元。

▶ 音 频 ◀

3. 可以 免费 托运 一件 23 千克 的 行李。行李 的 长、宽、高 之 和 不 超过
Kěyǐ miǎnfèi tuōyùn yí jiàn qiānkè de xíngli. Xíngli de cháng,kuān,gāo zhī hé bù chāoguò

158厘米。同时，可以 手提 一件 不 超过 5 千克 的 行李 登机。行李
límǐ. Tóngshí, kěyǐ shǒu tí yí jiàn bù chāoguò qiānkè de xíngli dēngjī. Xíngli

的 长、宽、高 之 和 不 超过 115 厘米。
de cháng,kuān,gāo zhī hé bù chāoguò límǐ.

4. 航班 信息 和 付款 链接 稍后 将 发送到 182×××× 5767 手机号 上。
Hángbān xìnxī hé fùkuǎn liànjiē shāohòu jiāng fāsòngdào shǒujīhào shang.

请 您 在 24 小时 内 付款，否则 系统 将 自动 取消 您 的 航班。
Qǐng nín zài xiǎoshí nèi fùkuǎn, fǒuzé xìtǒng jiāng zìdòng qǔxiāo nín de hángbān.

三、 询问 航空 公司
xúnwèn hángkōng gōngsī
Enquiring Airlines

1. 请 问 是 四川 航空 吗？
Qǐng wèn shì Sìchuān Hángkōng ma?

2. 请 问 下午 直飞 那 一 趟 多少 钱 呢？
Qǐng wèn xiàwǔ zhífēi nà yí tàng duōshao qián ne?

3. 请 问 行李 规定 是 什么 呢？
Qǐng wèn xíngli guīdìng shì shénme ne?

4. 请 问 改签费 是 多少？
Qǐng wèn gǎiqiānfèi shì duōshao?

▶ 音频 ◀

dì sān bùfen   liànxí
第三部分 练习
Part Three Exercises

---

fāyīn liànxí
一、发音 练习
Pronunciation Practice

▶ 音频 ◀

mǎi   xiáng mǎi   wǒ xiáng mǎi yì zhāng jīpiào
1. 买   想 买   我 想 买 一 张 机票

wǒ xiáng mǎi yì zhāng Chéngdū fēi Mànɡǔ de jīpiào
我 想 买 一 张 成都 飞 曼谷 的 机票

Wǒ xiáng mǎi yì zhāng yuè rì Chéngdū fēi Mànɡǔ de jīpiào.
我 想 买 一 张 2月 5日 成都 飞 曼谷 的 机票。

hánɡbān   dìnɡ hánɡbān   dìnɡ zhè yí tànɡ hánɡbān
2. 航班   订 航班   订 这 一 趟 航班

Wǒ jiù dìnɡ zhè yí tànɡ hánɡbān.
我 就 订 这 一 趟 航班。

shénme   xíngli guīdìnɡ shì shénme
3. 什么   行李 规定 是 什么

Qǐng wèn xíngli guīdìnɡ shì shénme ne?
请 问 行李 规定 是 什么 呢?

gǎiqiān   gǎiqiān jīpiào   gǎiqiān yíxià wǒ de jīpiào
4. 改签   改签 机票   改签 一下 我 的 机票

Wó xiǎng gǎiqiān yíxià wǒ de jīpiào.
我 想 改签 一下 我 的 机票。

xiǎng   xiǎng gǎiqiān   xiǎng gǎiqiāndào zhè yí tànɡ
5. 想   想 改签   想 改签到 这 一 趟

Wó xiǎng gǎiqiāndào yuè rì xiàwǔ de zhè yí tànɡ.
我 想 改签到 2月 6日 下午 的 这 一 趟。

shuō   qǐnɡ shuō
6. 说   请 说

Qǐng shuō yíxià nín de hùzhào xìnxī hé liánxì diànhuà.
请 说 一下 您 的 护照 信息 和 联系 电话。

duōshao   gǎiqiānfèi shì duōshao   Qǐng wèn gǎiqiānfèi shì duōshao?
7. 多少   改签费 是 多少   请 问 改签费 是 多少?

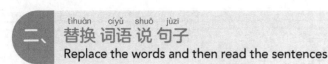

二、tìhuàn cíyǔ shuō jùzi
替换 词语 说 句子
Replace the words and then read the sentences

1. Qǐng wèn shì Sìchuān Hángkōng ma?
请 问 是 <u>四川 航空</u> 吗?

Zhōngguó Hángkōng　　Dōngfāng Hángkōng　　Nánfāng Hángkōng
中国 航空　　　　　　东方 航空　　　　　　南方 航空

Běijīng Fàndiàn　　　Sìchuān Bówùyuàn
北京 饭店　　　　　　四川 博物院

2. Wǒ xiáng mǎi yì zhāng Chéngdū fēi Màngǔ de jīpiào.
我 想 买 一 张 <u>成都 飞 曼谷</u> 的 机票。

Āsītǎnà　　Běijīng
阿斯塔纳　　北京

Bǐshíkǎikè　　Shànghǎi
比什凯克　　上海

Hénèi　　Chóngqìng
河内　　重庆

3. Wǒ xiáng gǎiqiān yíxià wǒ de jīpiào.
我 想 改签 一下 我 的 <u>机票</u>。

huǒchēpiào　　　　gāotiěpiào　　　　qìchēpiào
火车票　　　　　　高铁票　　　　　　汽车票

4. Wǒ xiáng gǎiqiāndào yuè rì xiàwǔ de zhè yí tàng.
我 想 改签到 <u>2</u> 月 <u>6</u> 日 下午 的 这 一 趟。

1　7

3　8

4　9

三、选词 填空
xuǎncí tiánkòng
Fill in the Gaps

Xiān dúlì tiánxiě dáàn, ránhòu tīng lùyīn héshí suǒ xiě de dáàn shìfǒu zhèngquè.
先 独立 填写 答案, 然后 听 录音 核实 所写 的 答案 是否 正确。

Fill in the answers first and listen to the recording afterwards to

check if the answers are right.

▶ 音频 ◀

dēngjī	zhí fēi	yuè rì xiàwǔ	piàojià	jīpiào	tuōyùn
登机	直飞	6月14日 下午	票价	机票	托运

hángbān	zhuǎnjī	qǐfēi	bù chāoguò	gǎiqiān
航班	转机	起飞	不 超过	改签

Wǒ xiáng mǎi yì zhāng yuè rì Chéngdū fēi Hénèi de
1. 我 想 买 一张 1月20日 成都 飞 河内 的 (　　　　　)。

Xiànzài cháxúndào yuè rì Chéngdū fēi Hénèi de gòng yǒu liǎng tàng
2. 现在 查询到 7月12日 成都 飞 河内 的 (　　　　　) 共 有 两 趟。

Yí tàng . Lìngwài yí tàng xūyào zài Běijīng , shàngwǔ
一 趟 (　　　　　)。 另外 一趟 需要 在 北京 (　　　　　), 上午

shíyī diǎn sānshí Chéngdū Shuāngliú Guójì Jīchǎng , wǎnshang èrshí diǎn língwǔ dàodá
11:30 成都 双流 国际 机场 (　　　　　), 晚上 20:05 到达

Nèipái Guójì Jīchǎng.
内排 国际 机场。

Zhífēi nà yí tàng shì yuán.
3. 直飞 那 一趟 (　　　　　) 是 1700 元。

Nín kéyǐ shǒu tí yí jiàn qiānkè de xíngli
4. 您 可以 手 提 一件 (　　　　　) 5 千克 的 行李 (　　　　　),

tóngshí kéyǐ miǎnfèi yí jiàn qiānkè de xíngli.
同时 可以 免费 (　　　　　) 一件 23 千克 的 行李。

Wó xiǎng yíxià wǒ de jīpiào. Wǒ xiǎng gǎiqiāndào de
5. 我 想 (　　　　　) 一下 我 的 机票。 我 想 改签到 (　　　　　) 的

zhè yí tàng.
这 一趟。

四、听 录音，完成 以下 对话
Listen to the recording and complete the following dialogue

1. A：<ruby>您好<rt>Nín hǎo!</rt></ruby>! <ruby>请 问 是 中国 航空 吗<rt>Qǐng wèn shì Zhōngguó Hángkōng ma?</rt></ruby>? <ruby>我 想 买 一 张<rt>Wǒ xiǎng mǎi yì zhāng</rt></ruby>_____

　　_____<ruby>上海 飞 香港 的 机票<rt>Shànghǎi fēi Xiānggǎng de jīpiào.</rt></ruby>。

　　B：<ruby>好的<rt>Hǎo de.</rt></ruby>。1月<ruby>20<rt>yuè</rt></ruby>日<ruby>上海 飞 香港 的 航班 共 有 两 趟<rt>rì Shànghǎi fēi Xiānggǎng de hángbān gòng yǒu liǎng tàng.</rt></ruby>。

　　<ruby>一 趟<rt>Yí tàng</rt></ruby>_____，<ruby>另外 一 趟 需要 在 重庆 转机<rt>lìngwài yí tàng xūyào zài Chóngqìng zhuǎnjī.</rt></ruby>。

2. A：<ruby>请 问 转机 那 一 趟 多少 钱 呢<rt>Qǐng wèn zhuǎnjī nà yí tàng duōshao qián ne?</rt></ruby>？

　　B：<ruby>票价 是<rt>Piàojià shì</rt></ruby>_____。

3. A：<ruby>请 问<rt>Qǐng wèn</rt></ruby>_____<ruby>是 什么 呢<rt>shì shénme ne?</rt></ruby>？

　　B：<ruby>可以 手 提 一 件 不 超过<rt>Kéyǐ shǒu tí yí jiàn bù chāoguò</rt></ruby>_____<ruby>的 行李 登机，同时<rt>de xíngli dēngjī, tóngshí</rt></ruby>_____

　　<ruby>托运 一 件<rt>tuōyùn yí jiàn</rt></ruby>23<ruby>千克 的 行李<rt>qiānkè de xíngli.</rt></ruby>。

4. A：<ruby>请说 一下 您 的<rt>Qǐngshuō yíxià nín de</rt></ruby>_____<ruby>和 联系 电话<rt>hé liánxì diànhuà.</rt></ruby>。

　　B：<ruby>姓名 安 龙，<rt>Xìngmíng Ān Lóng,</rt></ruby>_____×××××××，<ruby>电话<rt>diànhuà</rt></ruby>136××××5891。

5. A：<ruby>您好<rt>Nín hǎo!</rt></ruby>! <ruby>我 想 改签 一下 我 的 机票。请 问<rt>Wó xiǎng gǎiqiān yíxià wǒ de jīpiào. Qǐng wèn</rt></ruby>_____<ruby>多少<rt>duōshao?</rt></ruby>？

　　B：<ruby>手续费 是<rt>Shǒuxùfèi shì</rt></ruby>200<ruby>元<rt>yuán.</rt></ruby>。

五、交际 任务
Communicative Task

<ruby>根据 本 课 所 学 内容 和 所给 提示，与 你 的 同桌 分别 扮演 买 机票 和<rt>Gēnjù běn kè suǒ xué nèiróng hé suǒgěi tíshì, yú nǐ de tóngzhuō fēnbié bànyǎn mǎi jīpiào hé</rt></ruby>

mài jīpiào de rén, zǔchéng duìhuà.
卖 机票 的 人，组成 对话。

According to the content you have learnt from this lesson and the given tips, make a dialogue with your deskmate, acting the guest and the airport staff.

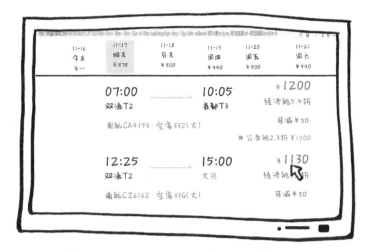

练习答案

dì yī kè　dì èr bùfen
第一课　第二部分

zhèngquè pīnxiě xiàmian de yīnjié
二、正确 拼写 下面 的 音节
Spell the following syllables correctly

m+iou = (miu)　　　　d+iou = (diu)　　　　j+iou = (jiu)

l+iou = (liu)　　　　t+uei = (tui)　　　　c+uei = (cui)

k+uei = (kui)　　　　zh+uei = (zhui)　　　h+uen = (hun)

z+uen = (zun)　　　　s+uen = (sun)　　　　r+uen = (run)

x+ü = (xu)　　　　　q+ü = (qu)　　　　　n+ü = (nü)

l+üe = (lüe)　　　　j+üe = (jue)　　　　x+üe = (xue)

j+üan = (juan)　　　q+üan = (quan)　　　j+ün = (jun)

x+ün = (xun)

jiāng shēngdiào biāozhù zài yǐxià pīnyīn de zhèngquè wèizhì shang
三、将 声调 标注 在 以下 拼音 的 正确 位置 上
Mark the tone symbols at the right place above the following syllables

（kāi）　　　（péi）　　　（cāo）　　　（zhuā）

（sāng）　　（bīng）　　（nián）　　（shuǐ）

（miù）　　　（qiú）　　　（niú）　　　（jiù）

（shuāi）　　（chuáng）　（xióng）　　（zhuān）

四、 zhào yàngzi lián yi lián
照样子连一连
Match the syllables on the left with the syllables on the right

uan —— wan　　　　　　　iong —— yong

üe —— yue　　　　　　　　ün —— yun

i —— yi　　　　　　　　　u —— wu

 五、 pànduàn xiàmian jù zi de dàxiě shìfǒu zhèngquè, zhèngquè de zài kuòhào li dǎ
判断下面句子的大写是否正确，正确的在括号里打"√"，
cuòwù de zài kuòhào li dǎ
错误的在括号里打"×"。
Decide whether the following capitalized letters are correct (√) or wrong (×).

1. ×　　　2. ×　　　3. ×　　　4. ×

dì èr kè　　dì èr bùfen
第二课　第二部分

 二、 biāo chū xiàmian jiācū pīnyīn de biàndiào, bìng dàshēng lǎngdú
标出下面加粗拼音的变调，并大声朗读
Mark the sandhi of the bold and read them loudly

1. líng dǎo　　　　　liáo jiě

　 méi mǎn　　　　　yóu hǎo

　 zhǔ zhāng　　　　yán yuǎn

　 jiǎng kè　　　　　láo shǔ

2. wéi yī　　　　　　yí jù

　 yì shēng　　　　　tán yi tán

　 wén yi wén　　　　wàn yī

　 yí liàng　　　　　yì zhī

3. piān bù　　　　　bú gòu

　 bú màn　　　　　bú biàn

zuò **bu** hǎo   **bú** shàng **bú** xià

bù zǎo **bù** wǎn

第三章
dì sān zhāng

第一课 第三部分
dì yī kè   dì sān bùfen

三、选词 填空
xuǎncí tiánkòng
Fill in the Gaps

1. 你好   4. 是

2. 名字   5. 也

3. 叫

四、听 录音，完成 以下 对话
tīng lùyīn, wánchéng yǐxià duìhuà
Listen to the recording and complete the following dialogue

1. 老师好   4. 你多大

2. 你是哪国人   5. 我叫安龙

3. 不，我是越南人

第二课 第三部分
dì èr kè   dì sān bùfen

三、选词 填空
xuǎncí tiánkòng
Fill in the Gaps

1. 怎么走

2. 这里没有   1路公交车   一直走   中国银行   旁边

3. 知道   几点开门

4. 从　　　到

5. 周末

6. 从星期一到星期天

四、 **tīng lùyīn, wánchéng yǐxià duìhuà**
听 录音，完成 以下 对话
Listen to the recording and complete the following dialogue

1. 看见　　　左转　　　100米　　　右边

2. 怎么走　　　没有　　　坐　　　换乘9路公交车

3. 不开门

dì sān kè　　dì sān bùfen
第 三 课　第 三 部分

三、 **xuǎncí tiánkòng**
选词 填空
Fill in the Gaps

1. 寄　　　　包裹

2. 扫描　　　二维码

3. 怎么填　　　收件人信息　　　电话　　　下　　　寄件人

4. 什么意思

5. 取

6. 每个　　　取货码　　　直接拿走

四、 **tīng lùyīn, wánchéng yǐxià duìhuà**
听 录音，完成 以下 对话
Listen to the recording and complete the following dialogue

1. 寄一个包裹　　　扫描　　　收件人　　　姓名、电话　　　地址　　　寄件人

2. 送到　　　今天就可以送到

3. 一个包裹

4. 是我的　　不可以　　扫描包裹

dì sì kè　dì sān bùfen
第四课　第三部分

三、 xuǎncí tiánkòng
选词 填空
Fill in the Gaps

1. 请假

2. 为什么　　看医生

3. 好好休息　　照顾

4. 从昨天早上　　头疼　　有点儿

5. 其他

6. 开点儿药　　饭后　　两次　　喝

四、 tīng lùyīn, wánchéng yǐxià duìhuà
听 录音，完成 以下 对话
Listen to the recording and complete the following dialogue

1. 看医生　　我能请假吗

2. 不舒服　　有点儿疼

3. 一天三次　　一次五片

4. 饭前吃

dì wǔ kè　dì sān bùfen
第五课　第三部分

三、 xuǎncí tiánkòng
选词 填空
Fill in the Gaps

1. 坐什么车

2. 动车　　然后　　再　　走1200米

3. 太好了

4. 顺着　　　方向　　　对的

5. 很多种　　　比如　　　公交车

6. 怎么办

7. 地图　　　问　　　练口语

 四、 听 录音，完成 以下 对话
tīng lùyīn, wánchéng yǐxià duìhuà
Listen to the recording and complete the following dialogue

1. 还有自行车　　　不知道　　　问周围的中国人

2. 高铁　　　地铁2号线

3. 又快又方便

第 六 课　第 三 部分
dì liù kè　dì sān bùfen

 三、 选词 填空
xuǎncí tiánkòng
Fill in the Gaps

1. 办　　　储蓄卡　　　学校在读证明

2. 填写　　　基本信息

3. 确认

4. 密码

5. 人民币

6. 外汇兑换单　　　或

 四、 听 录音，完成 以下 对话
tīng lùyīn, wánchéng yǐxià duìhuà
Listen to the recording and complete the following dialogue

1. 我想办　　　我的护照

2. 填写申请表

3. 再次确认密码

4. 换多少

5. 可以用泰语写吗   用中文或英文写

dì qī kè   dì sān bùfen
第七课 第三部分

xuǎncí tiánkòng
三、选词 填空
Fill in the Gaps

1. 那条裤子   一共

2. 常常

3. 太贵了   现在

4. 最好   旧的   便宜

5. 去图书馆

6. 网站

tīng lùyīn, wánchéng yǐxià duìhuà
四、听 录音，完成 以下 对话
Listen to the recording and complete the following dialogue

1. 这条裤子   那件衣服   650块

2. 打出租车

3. 比较贵   便宜

4. 买二手自行车   有没有

dì bā kè   dì sān bùfen
第八课 第三部分

1. 来一个

2. 辣的

3. 怕　　再点一个　　一碗面条

4. 不是中国菜

5. 很大　　习惯

四、 tīng lùyīn, wánchéng yǐxià duìhuà
听 录音，完成 以下 对话
Listen to the recording and complete the following dialogue

1. 我喜欢吃辣的

2. 你不怕辣吗

3. 点了三个菜　　两碗米饭

4. 不习惯　　四川菜又麻又辣

dì jiǔ kè   dì sān bùfen
第 九 课　 第 三 部分

三、 xuǎncí tiánkòng
选词 填空
Fill in the Gaps

1. 放假　　安排　　准备　　图书馆

2. 到哪儿玩

3. 怎么

4. 不回国　　旅行

四、 tīng lùyīn, wánchéng yǐxià duìhuà
听 录音，完成 以下 对话
Listen to the recording and complete the following dialogue

1. 放假五天　　我准备去北京

2. 到哪儿玩

3. 你打算怎么过　　一放假就回国

4. 我要去旅行

_{dì shí kè　dì sān bùfen}
第十课　第三部分

三、选词 填空
_{xuǎncí tiánkòng}
Fill in the Gaps

1. 6月8号

2. 软卧中铺　　还是

3. 信用卡

4. 铁路12306

5. 注册

6. 出发　　日期

_{tīng lùyīn, wánchéng yǐxià duìhuà}
四、听 录音，完成 以下 对话
Listen to the recording and complete the following dialogue

1. 我要一张去成都的票　　你选哪一趟

2. 软卧多少钱　　没有了

3. 还有别的票吗　　硬座

4. 能刷银行卡吗

_{dì shíyī kè　dì sān bùfen}
第十一课　第三部分

三、选词 填空
_{xuǎncí tiánkòng}
Fill in the Gaps

1. 住宿

2. 民宿　　节约钱

3. 单人间　　入住

4. 早餐

5. 牙膏、牙刷

四、
tīng lùyīn, wánchéng yǐxià duìhuà
听 录音，完成 以下 对话
Listen to the recording and complete the following dialogue

1. 预订

2. 订民宿

3. 7月15日　　388元一晚

4. 住一周

5. 不包含

6. 交押金

---

dì shíèr kè dì sān bùfen
第 十二 课　第 三 部分

三、
xuǎncí tiánkòng
选词 填空
Fill in the Gaps

1. 机票

2. 航班　　直飞　　转机　　起飞

3. 票价

4. 不超过　　登机　　托运

5. 改签　　6月14日下午

四、
tīng lùyīn, wánchéng yǐxià duìhuà
听 录音，完成 以下 对话
Listen to the recording and complete the following dialogue

1. 1月20日　　直飞

2. 2030元人民币

3. 行李规定　　5千克　　免费

4. 护照信息　　护照号

5. 手续费

生词索引

续表

生词	词性	词义	页码
D			
打车	*VO.*	take taxi	124
大概	*adv.*	about	068
担心	*v.*	worry	083
单	*n.*	memo	111
当地	*adj.*	local	171
倒霉	*adj.*	unlucky, bad luck	094
到	*v.*	reach	057
到达	*v.*	reach, arrive	094
地方	*n.*	place	137
地铁	*n.*	subway	094
地址	*n.*	address	068
第一	*num.*	first	055
动车	*n.*	high-speed express	094
豆腐	*n.*	tofu	135
短信	*n.*	message	070
兑换单	*AP.*	exchange memo.	111
多大	*pron.*	how old	047
E			
二手	*adj.*	second-hand	124
二维码	*n.*	QR code	068
F			
发烧	*n.*	fever	080
发现	*v.*	find	094
方便	*adj.*	convenient	097
方向	*n.*	direction	094
房费	*n.*	room rate	174
放假	*VO.*	take a holiday.	147
非常	*adv.*	very	124
否则	*conj.*	otherwise	185
服务机	*n.*	service machine	108
服用	*v.*	take	083

生词	词性	词义	页码
付款码	*n.*	payment code	158
附近	*adj.*	nearby	057
G			
改签	*v.*	change	188
改签费	*n.*	change fee	188
改为	*v.*	change to	188
高兴	*adj.*	glad, happy	045
告知	*v.*	inform	188
根据	*conj.*	according to	161
公交车	*n.*	bus	094
共享自行车	*AP.*	shared bike	097
关心	*n.*	concern	081
官方	*adj.*	official	161
规定	*n.*	rules	185
H			
还	*conj.*	and, also	083
寒冷	*adj.*	cold	137
汉语	*n.*	Chinese	047
航班	*n.*	flight	185
航空公司	*n.*	airlines	185
豪华	*adj.*	luxury	171
号码	*n.*	number	071
合适	*adj.*	suitable, available	124
红肿	*adj.*	red and swollen	083
护照	*n.*	passport	097
欢迎光临	*v.*	welcome	135
换乘	*v.*	transfer	057
火车票	*n.*	train ticket	158
火车站	*n.*	train station	158
货架	*AP.*	goods shelf	071
J			
机场	*n.*	airport	185

续表

生词	词性	词义	页码
基本	*adj.*	basic	108
寄	*v.*	send	068
寄件人	*n.*	sender	068
间	*num.*	the smallest unit of a house	174
检查	*v.*	check	068
建议	*v.*	suggest	111
箭头	*n.*	arrow	094
交通工具	*AP.*	transport tool	094
叫	*v.*	call	045
节约	*v.*	save	171
酒店	*n.*	hotel	171
就餐	*VP.*	have food	174
据说	*VP.*	it's said	137
决定	*v.*	decide	149
K			
开始	*v.*	start	082
恐怕	*v.*	be afraid of	171
口味	*n.*	taste	137
口语	*n.*	spoken language	047
快递	*n.*	express delivery	071
L			
老家	*n.*	hometown	149
老师	*n.*	teacher	047
历史	*n.*	history	147
厉害	*adj.*	bad, severe	080
连接	*v.*	connect	097
链接	*n.*	link	185
了解	*v.*	know	147
另外	*adv.*	moreover	135
旅行	*v.*	travel	149
M			
麻辣	*adj.*	spicy	135

生词	词性	词义	页码
马上	*adv.*	right now	149
买	*v.*	buy	121
们	*suf.*	the plural of person	047
密码	*n.*	password	108
民宿	*n.*	homestay	171
名字	*n.*	name	045
N			
哪儿	*pron.*	where	055
P			
排骨	*n.*	ribs	135
牌价	*n.*	exchange rate	111
旁边	*n.*	side	057
便宜	*adj.*	cheap	121
评论	*n.*	comment	171
平台	*n.*	platform	124
Q			
起飞	*v.*	set off	185
气候	*n.*	weather	137
前边	*adj.*	ahead	055
亲自	*adv.*	in person	161
请假	*VO.*	to ask for leave	080
请问	*phrase.*	excuse me.	055
取	*v.*	take	071
取货码	*AP.*	pickup code	071
取消	*v.*	cancel	185
去	*v.*	go	057
去除	*v.*	get rid of	137
确认	*v.*	confirm	108
R			
然后	*adv.*	then	057
认识	*v.*	know, meet	045
软卧	*n.*	cushioned berth	158

续表

生词	词性	词义	页码
		S	
嗓子	*n.*	throat	083
扫描	*v.*	scan	068
商品	*n.*	goods	124
上铺	*n.*	upper semi-cushioned berth	158
稍等	*VP.*	hold on, wait a moment, just a moment	174
设置	*v.*	set	108
摄像头	*n.*	camera	108
申请表	*n.*	application form	108
什么	*pron.*	what	045
湿冷	*adj.*	damp and cold	137
使用	*v.*	use	124
市场	*n.*	market	124
市区	*n.*	downtown	057
收件人	*n.*	recipient	068
手续费	*n.*	service fee	188
售票处	*n.*	ticket office	158
舒服	*adj.*	comfortable	082
输入	*v.*	input	108
输入	*v.*	type	094
数	*v.*	count	111
刷	*v.*	scan	158
顺着	*v.*	follow	094
送到	*VP.*	to be delivered	068
虽然	*conj.*	although	097
		T	
趟	*m.*	time	158
趟	*num.*	numbers of interactions	185
特色	*n.*	characteristic	171
提交	*v.*	submit	068
提醒	*v.*	remind	071
填	*v.*	fill out	068

生词	词性	词义	页码
通过	*conj.*	through	137
通往	*VP.*	lead to	055
同学	*n.*	student	047
头疼	*n.*	headache	080
托运	*VP.*	check in the luggage	185
拖鞋	*n.*	slipper	174
W			
外汇	*n.*	foreign exchange	111
网站	*n.*	website	124
温开水	*AP.*	warm water	083
文件	*n.*	document	068
X			
西红柿	*n.*	tomato	135
习惯	*n.*	habit	137
下车	*VO.*	get off the bus/car	097
下单	*VO.*	make an order	068
下铺	*n.*	lower semi-cushioned berth	158
显示	*v.*	show	094
小吃	*n.*	snack	174
幸好	*adv.*	luckily	161
休息	*n.*	rest	081
学习	*v.*	study	137
Y			
押金	*n.*	deposit	174
牙膏	*n.*	toothpaste	174
牙刷	*n.*	toothbrush	174
严重	*adj.*	serious	083
要	*v.*	want	121
也	*adv.*	too, as well	045
业务	*n.*	business	108
一共	*adj.*	in total	121
一直	*adv.*	always	055
医生	*n.*	doctor	081

参考文献

[1] 邵敬敏. 现代汉语通论[M]. 3版. 上海: 上海教育出版社，2016.

[2] 黄伯荣，廖序东. 现代汉语（增订4版）[M]. 北京：高等教育出版社，2007.

[3] 戴桂芙，刘立新，李海燕. 初级汉语口语[M]. 北京：北京大学出版社，2015.

[4] 王淑红，么书君，严褆，等. 发展汉语：初级口语（Ⅰ）[M]. 北京：北京语言大学出版社，2012.